企业员工工作质量的测量及影响因素研究

梁潇杰 于桂兰 著

首都经济贸易大学出版社
Capital University of Economics and Business Press
·北 京·

图书在版编目（CIP）数据

企业员工工作质量的测量及影响因素研究/梁潇杰，于桂兰著.
--北京：首都经济贸易大学出版社，2022.10
ISBN 978-7-5638-3396-2

Ⅰ.①企… Ⅱ.①梁… ②于… Ⅲ.①企业管理—人力资源管理—研究 Ⅳ.①F272.92

中国版本图书馆 CIP 数据核字（2022）第 149031 号

企业员工工作质量的测量及影响因素研究
梁潇杰 于桂兰 著
QIYE YUANGONG GONGZUO ZHILIANG DE CELIANG JI YINGXIANG YINSU YANJIU

责任编辑 薛晓红
封面设计 风得信·阿东 FondesyDesign
出版发行 首都经济贸易大学出版社
地 址 北京市朝阳区红庙（邮编 100026）
电 话 （010）65976483 65065761 65071505（传真）
网 址 http://www.sjmcb.com
E-mail publish@cueb.edu.cn
经 销 全国新华书店
照 排 北京砚祥志远激光照排技术有限公司
印 刷 北京建宏印刷有限公司
成品尺寸 170 毫米×240 毫米 1/16
字 数 176 千字
印 张 9.5
版 次 2022 年 10 月第 1 版 2023 年 9 月第 2 次印刷
书 号 ISBN 978-7-5638-3396-2
定 价 39.00 元

目录

CONTENTS

第1章　绪　　论

我国是世界上劳动人口最多的国家，国家统计局数据显示，2019年我国就业人口高达7.747亿，占我国总人口的55.3%。企业员工是劳动人口的重要组成部分，大多数员工的职业生涯都超过生命周期的1/2，工作质量的高低会直接影响员工的健康和幸福感。但目前工作场所各类问题所引发的员工生理、心理问题却层出不穷。2019年7月30日，健康中国行动推进委员会工作人员在新闻发布会上表示，我国约有1 200万家企业存在职业病危害，涉及的员工人数超过2亿。同年，“996工作制”（指每天从早9点工作到晚9点，一周工作6天）在网上引发热议。起初仅是一群程序员为反对公司施行的“996工作制”在GitHub（一个面向开源及私有软件项目的托管平台）上发起了主题为“工作996，生病ICU”的项目。随后该话题迅速发酵，不止程序员，也不止互联网行业，越来越多行业的员工也开始在网络上大吐苦水，国内百余家知名企业陷入“996风波”。糟糕的工作质量不仅会降低员工的收入、幸福感和健康水平，也会给企业带来较高的员工离职率，增加额外的招聘或再培训成本，降低企业效率。它的负面影响还会不断外部化，影响社会的医疗、福利和税收体系，给整个社会带来不利影响（Findlay等，2017）。员工工作质量是指一系列影响员工幸福感的工作特征（Leach等，2010；Munoz de Bustillo等，2011），探究如何提高员工工作质量是企业及整个社会亟待解决的问题。

早在1999年，国际劳工组织（ILO）就提出“体面工作”（Decent Work）的概念，强调工作要能够满足员工最低的权利和条件，国际劳工组织还提出了四个战略目标，分别是创造工作、确保工作中的权利、增强社会保护、加强工作场所的对话和争议解决。受此影响，世界银行（IMF）、经济合作与发展组织（OECD）、欧洲改善生活和工作条件基金会（Eurofound）、欧洲经济委员会（UNECE）等组织及一些国家政府相继提出或者制定了与工作质量相关的战略目标或框架。2015年9月，二十国集团（G20）共同签署了《安卡拉宣言》。二十国集团的劳动部部长承诺将从提高收入质量、减少劳动力市场无保障状况、促进良好工作条件和健康社会三个方面提高工作质量。而在党的十九大和中共十九届四中全会上，习近平总书记也提到要健全有利于更充分、更高质量就业的促进机制，实现更高质量和更充分的就业。

与此同时，学术界也对员工工作质量展开了积极的研究，学者们尝试对它进行准确的定义并开发可操作化的测量工具，以期对工作质量现状进行调查分析并寻找改善路径（Green，2006；Levine 和 Toffel，2010），但目前仍未跨越定义和测量难题（Kalleberg，Reskin 和 Hudson，2000；Levine 和 Toffel，2010）。

现在较为普遍的观点认为，员工工作质量是一个多维度复杂概念，它包含了一系列影响员工幸福感的工作特征（Kalleberg 等，2000；Green，2006；Levine 和 Toffel，2010）。而在员工工作质量测量维度选取上，部分学者倾向于全部使用客观指标，他们认为工作质量很大程度是由物质条件所决定的，且对客观指标的测量更加容易，如 Cazes，Hijzen 和 Saint-Martin（2015）选取了收入、劳动力市场保障和工作环境三个客观指标。也有学者主张使用主观工作特征对员工工作质量进行测量，如 Mustosmäki，Oinas 和 Anttila（2017）选用了发展技能的可能性、工作自主权、工作付出和不安全感四个主观指标。但更多的学者选择混合指标对员工工作质量进行更全面的测量，Horowitz（2016）总结称大部分研究都使用了工作报酬、工作保障、任务自主权、工作强度和安全工作条件这几个维度的组合。但这些测量工具存在指标代表性不足、测量维度不够全面或维度过于宽泛，及在个体层面可操作性较低等问题（Cazes 等，2015；Tremblay，2018）。Munoz de Bustillo 等（2011）呼吁在现有文献基础上，对员工进行访谈，确认哪些工作特征对其工作质量影响最大，并以此来构建面向员工个体、结合已有理论的测量量表。

衡量员工工作质量需要考虑不同的国家和文化（Cazes 等，2015）。在一个国家内被员工高度看重的工作特征在另一个国家可能并不重要，如对日本的员工而言，对社会有用是一份好工作的重要特征，但对美国和欧洲员工而言，有趣的工作才是最重要的（Jones，Haslam 和 Haslam，2014）。而国内的工作质量测量工具基本上都是针对农民工和大学毕业生所开发的（李颖、刘善仕和翁赛珠，2005；张抗私、李善乐，2015；赵蒙成，2016；李善乐，2017；朱慧劼、风笑天，2019），量表的普适性值得商榷。因此使用一种自下而上的方式，开发中国情境下面向员工个体的测量量表就成了员工工作质量研究的起点和重点。

员工工作质量是由企业做出的与工作条件相关的决策所决定的（Osterman，2013），企业内有效的人力资源管理策略及行动可以改善员工工作质量（Lowe，2001；Burgess 和 Connell，2008）。高绩效工作系统来自学者们对人力资源管理最佳实践的探索，已有的研究表明，高绩效工作系统可以通过提高员工技能、能力和知识（KSAs），赋予员工动机和机会，来帮组织实现绩效改善并获得竞争优势（Huselid，Jackson 和 Schuler，1997；Combs 等，2006；Jiang 等，2012）。该过程隐含了员工的重要性，却少有研究探讨高绩效工作系统在帮助组织实现目标的同时，会给员工工作质量带来何种影响。高绩效工作系统研究也因为高度的以管理者为中心而遭到了批评（Boselie，Dietz 和 Boon，2005；Zhang 等，2013），学者们呼吁关注其对员工个体的影响（Guest，2002；Fan 等，2014）。在服务业企业中，工作需要员工与顾客互动完成，员工的工作质量受顾客影响较大；而制造业企业的员工则无此限制。也就是说，在制造业企业中高绩效工作系统对员工工作质量的影响会更加显著（Combs 等，2006）。对制造业企业中高绩效工作系统与员工工作质量之间关系的探究，可以为企业提高员工工作质量寻找一条可行的路径，也回答了高绩效工作系统为企业带来高绩效的同时会如何影响员工工作质量。

Lowe（2001）、Kelliher 和 Anderson（2008）研究表明，高绩效工作系统对员工工作质量有显著的正向作用，但 Green，Felstead 和 Gallie（2016）却指出，高绩效工作系统并不总是有益于员工工作质量，它可能带给员工较长的工作时间和工作负荷，损害员工工作质量。现有研究中，高绩效工作系统与员工工作质量之间的关系结论不一致，提示着权变因素的存在。而高绩效工作系统的权变观也认为人力资源管理实践必须与组织相匹配才能发挥作用。工会作为代表员工利益的组织，既会影响企业对高绩效工作系统的采纳和实施（Kochan，1995；Liu 等，2009），也会对员工工作质量产生影响（Green 等，2013），却鲜有研究探讨企业工会对高绩效工作系统与员工工作质量之间关系的调节作用。

持权变观的学者还指出，企业中高绩效工作系统模式不可能完全一致，一些企业将高绩效工作系统作为提高财务绩效的工具而引入，更以利润为导向，强调高绩效工作系统对员工高控制的一面，这可能会给员工工作质量带来不利影响；而一些企业倾向于采用和实施高绩效工作系统，使企业和员工同时受益，强调高绩效工作系统双赢的一面（Zhang 等，2013；Ogbonnaya 等，2017）。不同资本密度的制造业企业可能会强调高绩效工作系统的不同方面，已有研究仅探讨了资本密度对企业高绩效工作系统采用和实施的权变影响（Datta，Guthrie 和 Wright，2005；苏中兴，2010），却鲜有研究探讨它是否能够增强或者减弱高绩效工作系统与员工工作质量之间的关系。

基于以上研究背景，本研究旨在通过自下而上的方式开发中国情境员工工作质量量表，为后续中国情境下员工工作质量研究夯实测量基础，并进一步探究制造业企业中高绩效工作系统与员工工作质量之间的关系，及企业工会和资本密度对二者关系的调节作用，丰富员工工作质量的前因变量和权变因素的研究。

1.1 研究目的

员工工作质量会影响员工的身体、心理和情绪健康，进而影响组织绩效和国家竞争力（Díaz-ChaoFicapal-Cusí 和 Torrent-Sellens，2017）。尽管学者们对员工工作质量的关注日益增多，但仍未完全跨越对它的测量难题（Munoz de Bustillo 等，2011）。工作是嵌入社会制度、经济和文化中的，不同国家员工的工作质量所包含的影响员工幸福感的工作特征并不相同（Findlay 等，2017），因此，本研究将在现有文献基础上，开发中国情境下的员工工作质量测量量表，并探究高绩效工作系统对它的影响。具体而言，有如下研究目的：

（1）开发中国情境下的员工工作质量测量量表

低质量的工作会降低员工及家庭的幸福感，直接或间接给企业带来额外的成本并降低生产率和绩效，并影响国家的医疗、福利和税收体系（Findlay 等，2017）。越来越多的证据表明良好的工作质量对个人、组织和国家的重要性（Green，Kler 和 Leeves，2010；Osterman，2013；Horowitz，2016），准确的定义和可操作化的测量是员工工作质量研究的基础。对员工工作质量的界定和衡量需要嵌入不同国家和不同社会人口，现有的测量量表大都是以发达国家为背景所开发的（Clark，2005；Green，2006；Leach 等，2010；Cazes 等，2015；Warhurst，2015；Bryson 等，2017），并不完全适用于发展中国家。而国内员工工作质量的测量量表大都仅针对农民工和大学毕业生两个特定群体（李颖、刘善仕和翁赛珠，2005；张抗私、李善乐，2015；赵蒙成，2016；李善乐，2017；朱慧劼、风笑天，2019），量表的普适性值得商榷。本研究将通过自下而上的方式，开发基于中国情境、面向员工个体的工作质量测量量表，以期为后续研究提供测量分析的基础。

（2）揭示高绩效工作系统与员工工作质量的关系

鉴于员工工作质量对个体和组织的重要性，如何在组织内提升员工工作质量就成了亟待解决的问题。高绩效工作系统强调员工是组织的重要人力资本，通过提高员工的技能、知识和能力，给予员工动力和机会，来帮助组织实现绩效改善和获得竞争优势（Huselid，1995；Appelbaum 等，2000；Combs 等，2006；Lepak 等，2006；Jiang 等，2012）。此过程中隐含了员工的重要性，但现有对高绩效工作系统的研究却集中在其对组织的影响，忽略了其对员工福利的影响。为数不多的高绩效工作系统与员工工作质量之间关系的研究却未得到一致结论。部分学者认为，高绩效工作系统可以提高员工工作质量（Lowe，2001；Kelliher 和 Anderson，2008），但也有学者指出高绩效工作系统会增加员工的工作负荷和工作时间（Green 等，2016）。已有研究表明，高绩效工作系统在制造业企业中实施效果更佳（Combs 等，2006），因此，本研究试图基于工作要求—资源理论，同时考量高绩效工作系统给员工带来的工作要求和工作资源，以更全面的视角探讨制造业企业中高绩效工作系统对员工工作质量的影响。

（3）探究高绩效工作系统与员工工作质量之间关系的权变因素

高绩效工作系统的权变观认为，只有当人力资源管理实践与组织其他方面相一致时，才能发挥出效果。而以往对高绩效工作系统与员工工作质量之间关系研究结论的不一致也预示着可能存在权变因素。

企业工会可以影响高绩效工作系统的采用和实施（Kochan，1995；Liu 等，2009），也会对员工工作质量产生影响（Bryson 等，2017），它是企业中重要的情境变量。有学者指出，工会是高绩效工作系统研究中的缺失环节（Chen 等，2017），现有研究仅探讨了工会对高绩效工作系统的采纳和实施的影响（Machin 和 Wood，2005），和高绩效工作系统对工会的促进与替代作用（Verma，2017；Liu，2019），而对工会与员工工作质量之间关系的研究，也仅仅局限在工会对员工工作质量的直接作用，并未得到一致结论（McGovern，Smeaton 和 Hill，2004；Holman，2013），鲜有研究探究工会是否能增强或减弱高绩效工作系统与员工工作质量之间的关系。

企业中的高绩效工作系统模式并不完全一致，一些企业强调高绩效工作系统对员工高控制的一面；一些企业强调高绩效工作系统双赢的一面（Zhang 等，2013；Ogbonnaya 等，2017）。企业的资本密度会影响其在人力资源管理上的人均支出（Kaufman 和 Miller，2011），决定企业更重视的高绩效工作系统特征。企业资本密度反映了平均每个员工所能利用的财产、厂房和设备数量（Huselid 等，1997），资本密度越高的制造业企业，对员工技术要求越高，招聘和选拔的成本越高，过高的员工流动率给企业造成的伤害也就越大，因此，给予高绩效工作系统的投资也越多，也更关注高绩效工作系统双赢的一面（Kaufman 和 Miller，2011）。已有研究探讨了企业的资本密度会影响高绩效工作系统的采纳和实施效果（Datta 等，2005），但鲜有研究探讨资本密度在高绩效工作系统与员工工作质量之间关系中扮演的角色。

相比分别探讨两个调节变量的作用，采用三项交互同时考量两个调节变量的作用所探索出的关系权变因素更加有效（Lam 等，2019）。因此，本研究将探讨制造业企业中企业工会和资本密度对高绩效工作系统与员工工作质量之间关系的调节作用，并进一步探究二者交互项对高绩效工作系统与员工工作质量之间关系的影响。

1.2 研究意义

本研究意图在现有文献基础上，通过定性研究和定量研究相结合的方式，开发出中国情境下员工工作质量量表，并进一步探究高绩效工作系统与员工工作质量之间的关系及权变因素。对该问题的研究，不仅能在理论上丰富员工工作质量及高绩效工作系统领域的研究成果，还能为企业提高员工工作质量提供建议。

1.2.1 理论意义

（1）开发中国情境下员工工作质量量表，为后续研究奠定测量基础

现有的关于员工工作质量的研究大都集中在对某一群体工作质量的调查上（Jones 等，2014；Piasna 和 Plagnol，2017；Piasna，2018），所采用的量表存在指标代表性不足（Cazes 等，2015），测量员工个体的工作质量时可操作性不强及指标混乱等问题（Tremblay，2018），且它们大都是以发达国家为背景开发的（Leach 等，2010；Warhurst，2015）。鉴于员工工作质量与国家经济发展水平等高度相关（Reda 等，2012），这些发达国家的员工工作质量量表并不完全适用于发展中国家，而国内学者又大都关注大学毕业生和农民工两大群体工作质量的测量（李颖、刘善仕和翁赛珠，2005；李善乐，2017），缺少面向所有员工开发的工作质量量表。本研究将通过深度访谈和焦点小组等方式获得访谈文本，使用扎根理论编码程序对文本进行分析，获得中国情境下员工工作质量概念模型，并在此基础上形成员工工作质量初始量表。随后，通过探索性因子分析、验证性因子分析及信效度分析等方法对初始量表进行检验，并最终形成员工工作质量量表。该量表是基于中国情境、面向全体企业员工、针对个体的测量工具，它弥补了现有研究的不足，并为后续研究奠定测量基础。

（2）探索高绩效工作系统对员工工作质量的影响，丰富员工工作质量前因变量的研究

已有研究表明，企业内的有效人力资源政策及行动可以通过增强员工承诺、强调员工人力资本及强调员工工作质量等方式提升员工工作质量（McPhail 和 Fisher，2008；Kelliher 和 Anderson，2008），但 Green 等（2016）

也指出，这些人力资源管理实践并不总是对员工工作质量有利。高绩效工作系统作为最受关注的战略型人力资源管理得到了广泛的使用，现有研究深入探讨了其对组织绩效的作用效果及作用机制（Appelbaum 等，2000；Jiang 等，2012），但却忽略了其在为组织提供竞争优势的同时，对员工工作质量的影响。Combs 等（2006）的元分析表明，高绩效工作系统在制造业企业更有效，因此，本研究将限定在制造业企业，试图基于工作要求—资源理论，同时考虑高绩效工作系统给员工带来的工作要求和工作资源，以更全面的视角探究高绩效工作系统对员工工作质量的影响。这不仅是对员工工作质量前因变量的探究，也是对高绩效工作系统对员工个体影响研究的扩展。

（3）探究工会在高绩效工作系统与员工工作质量之间的调节作用，确定二者关系的权变因素

权变观认为高绩效工作系统的作用效果会受到情境因素的影响（Datta 等，2005），而工会作为企业重要的情境因素之一，受到了学者们的关注（Shin，2014；Chen 等，2017）。现有对工会和高绩效工作系统的研究主要集中在工会对高绩效工作系统采用和实施效果的影响上（Liu 等，2009），以及高绩效工作系统是否以及如何影响工会（Kochan，1995），鲜有研究探讨工会是否增加或者限制高绩效工作系统对员工个体的影响（Chen 等，2017）。而中国工会与西方工会不同，它的角色更加多元化，且受到企业财政支持，欠缺独立性。有学者对中国工会的真正作用产生了质疑（Budd 等，2014），但 Ge（2007）和靳卫东、崔亚东（2019）等研究却表明中国工会并非如质疑的那样毫无作为。因此，本研究试图将企业工会引入研究，探究其在制造业企业高绩效工作系统与员工工作质量之间的调节作用，这有助于更深入地探究二者之间的关系，还能丰富对中国工会作用机制和作用效果的研究。

（4）探讨企业资本密度在高绩效工作系统与员工工作质量之间的调节作用，确定二者关系的权变因素

企业中高绩效工作系统模式并不完全一致。一些企业强调高绩效工作系统对员工高控制的一面，更以利润为导向；一些企业强调高绩效工作系统双赢的一面，强调员工和企业同时受益（Zhang 等，2013；Ogbonnaya 等，2017）。而企业资本密度会影响企业在人力资源管理上的人均支出（Kaufman 和 Miller，2011），影响企业在采用和实施高绩效工作系统时的侧重点。现有的研究仅探讨了资本密度在高绩效工作系统和组织绩效之间的调节作用，Huselid 等（1997）和苏中兴（2010）认为高资本密度的企业更愿意采用高绩效工作系统且此时效果更佳，但 Datta 等（2005）却指出高绩效工作系统在低资本密度的企业中更有效。鲜有研究探讨资本密度是否增加或者限制高绩效

工作系统对员工个体层面变量的影响。本研究尝试引入企业资本密度，探讨制造业企业中它在高绩效工作系统与员工工作质量之间的调节作用，从而进一步丰富对二者关系权变因素的研究。

（5）讨论工会和资本密度在高绩效工作系统与员工工作质量之间关系的联合调节作用，丰富二者关系的复杂权变因素

在一项研究中，使用三项交互同时考虑两个调节变量的作用所探索出的关系权变因素，比单独使用双项互动研究来分别考察两个调节变量的作用更加有效（Lam 等，2019）。Lam 等（2019）同时给出了联合调节作用、被调节的调节作用和被调节的联合作用三种三项交互模型，并给出了具体操作步骤。依据所关注的问题，本研究试图讨论工会和资本密度在高绩效工作系统与员工工作质量之间的联合调节作用。这不仅有助于深入理解二者关系的权变因素，也是对联合调节作用类型的三项交互实证研究的丰富。

1.2.2 现实意义

（1）对企业提升员工工作质量具有一定的指导意义

员工工作质量的高低不仅关乎员工个人及家庭的健康和幸福感，还会进一步影响企业绩效和整个国家的经济。如何提高员工工作质量就成为企业、政府和社会关注的焦点问题之一。全面可靠的员工工作质量测量工具可以帮助企业和政府对员工工作质量进行有效的监测，对可能对员工、企业甚至社会造成不利影响的工作发出预警，更重要的是可以提示企业和政府具体关注工作哪些方面，以全面提升工作质量。

（2）对企业采用和实施高绩效工作系统具有一定的指导意义

高绩效工作系统的实施不仅会对企业绩效及企业竞争力产生影响，也会对员工个体的工作及工作质量产生影响。通过对高绩效工作系统与员工工作质量之间关系及权变因素的探讨，可以帮助企业结合内外部环境做出是否采用及如何实施高绩效工作系统的战略决策。不适当的采用和实施高绩效工作系统可能会给员工工作质量造成不利影响，长此以往会对企业绩效产生不利影响。

1.3 研究方法

本研究主要使用了文献研究、深度访谈法和焦点小组法，以及扎根理论的编码程序及统计分析等方法。

第一，文献研究。为了尽可能地充分获取国内外员工工作质量、高绩效

工作系统、工会及资本密度等相关文献，本研究利用谷歌学术、中国知网及学校图书馆官网 EBSCO 检索平台、Taylor & Francis 电子期刊、JSTOR 电子期刊全文过刊库及 JSTOR 电子书数据库等平台和数据搜索网站下载相关文献，对相关变量的发展脉络和前沿进行追踪，学习已有的研究成果，并发现研究的空白点，提出了本研究的研究目的、理论框架及假设。

第二，深度访谈法和焦点小组法。为了更真实地了解中国情境中员工工作质量所包含的影响员工幸福感的工作特征，本研究将在研究初期对不同性别、不同年龄、不同教育程度，从事不同工作的员工进行深度访谈，或采用焦点小组法进行访谈，来获得更多关于员工工作质量的信息和文本资料。

第三，扎根理论的编码程序。扎根理论是一套完整独立的研究方法论（费小冬，2008），而本研究仅采用 NVivo 11 软件，使用经典扎根理论的编码程序对访谈文本进行分析，获得员工工作质量概念模型，并形成员工工作质量的初始测量量表，以待后续实证检验。

第四，统计分析方法。根据研究的需要，本研究采用 SPSS 19.0 软件进行 CICT 分析、信度分析、探索性因子分析、相关性分析等，对员工工作质量初始量表进行检验，对研究变量的因子结构及信效度进行检验。同时，本研究还采用 Mplus 7.0 软件，运用层次回归法检验高绩效工作系统对员工工作质量的影响，以及工会和资本密度在二者关系之间的单独调节作用和联合调节作用。

第2章　文献综述

本章首先回顾了员工工作质量的定义、测量、量表开发建议、与工作满意度的差别，以及前因变量和结果变量，并对已有的相关研究进行了总结，对高绩效工作系统的定义、维度和测量、结果变量及权变因素进行了回顾总结；随后对工会与高绩效工作系统、工会与员工工作质量和中国工会的相关文献进行了梳理分析；对资本密度与高绩效工作系统、资本密度与员工工作质量进行了简单综述。本章是第3章中国情境下员工工作质量量表开发以及第4章高绩效工作系统对员工工作质量的影响研究的基础。

2.1　员工工作质量

从1999年起，国际劳工组织（ILO）、世界银行（IMF）、经济合作与发展组织（OECD）等组织都先后提出或者制定了与工作质量相关的战略目标或框架；2000年在里斯本召开的欧洲峰会将“创造更多更好的工作”定为欧盟雇佣战略的主要目标；同年，国际劳工组织、欧洲经济委员会等主办了一系列与工作质量相关的研讨会，这些系列会议在15年后，即2015年，出版了测量工作质量的标准框架（UNECE，2015）。2001年，拉肯（Leaken）指标体系首次尝试提供客观和主观工作质量指标，但该指标被批评过于笼统，忽略了工资、工作强度或获得培训的机会等工作质量的关键方面（Cazes等，2015）。工作质量的重要性正在获得国际组织、政府及学术界的认可和关注，但更好地理解工作质量仍是一项未完成的任务（Warhurst，2015）。

2.1.1　员工工作质量的定义

准确定义员工工作质量（Job Quality）的概念是后续进行测量及探究如何提高员工工作质量的第一步（Munoz de Bustillo等，2011；Warhurst，2015），而工作质量是每个人都理解却又很难给出准确定义的概念（Munoz de Bustillo等，2011）。如何定义及使用员工工作质量概念并没有达成共识（Jones等，2014；Horowitz，2016；González-Romá，Gamboa & Peiró，2018），各个学者基于各自角度给出了不同的定义（Mustosmäki 等，2017）。

经济学领域对劳动力市场的研究大多集中在工作数量而非质量，在探究工作质量时，经济学家也倾向于将其定义为员工工资的高低（Mustosmäki 等，2017），他们认为劳动力市场存在工资差额补偿理论，即市场会通过给予差工作更高的工资来均衡不同工作的质量。员工会就工作的每个特征进行权衡交易，高工资可以用来补偿其余一些不受欢迎的工作特征；反过来，当其他工作特征比较受欢迎时，员工可以接受较低的工资（Osterman，2013）。但在实际生活中，该理论只在非常极端的危害员工生命健康的工作中适用（Munoz de Bustillo 等，2011），例如，给予需要长期高空作业的员工更高的工资，来补偿工作的风险性。

在社会学领域中，工作质量的定义更加宽泛和多样化。部分学者按照工作质量的组成维度或特征等对其进行了定义，如 Green，Felstead 和 Gallie（2016）将工作质量定义为对人们的工作需求有重大贡献的工作特征，包括工作收入、工作前景和不安全感、工作内在质量及工作时间的质量四个方面；Mustosmäki 等（2017）认为工作质量是一个总体概念，它汇集了在工作中发展和使用技能的可能性、任务的自我决定程度、工作压力和工作不安全感等工作生活中对员工幸福感至关重要的几个方面；González-Romá 等（2018）在考虑了工作质量的多维特征，并参考已有文献中的定义方式后，将工作质量概念化为工作场所应具有的客观条件、工作要求与员工特征之间的匹配程度和由工作产生的工作满意度等积极的主观经验。采用该种定义方式，有利于后续对工作质量进行测量。但好的或坏的工作特征都有聚集的趋势，很少会单独出现，即拥有某方面优秀特征的工作一般也同时拥有其他的良好特征，反之亦然（Horowitz，2016）；给出组成工作质量的各部分或特征的详尽清单是不可能也没必要的事（Warhurst，2015），因此，仅通过其组成维度和特点等并不能准确定义工作质量，也并未厘清其概念内核。

另一个观点认为，工作质量是与员工个体密切相关的概念，对工作质量的定义会随着个体特征、职业、行业、工作地点、国家不同而有所差异（Burgess 和 Connell，2008；Cazes 等，2015），“好工作”不能作为一个普遍的概念存在，而衡量一份工作是否适合某个特定的人更为重要（Jones 等，2014）。该观点实质上与使用组成维度、特征等定义工作质量相似，对不同个体或具体工作而言，工作质量的具体组成部分、特征或要素不同，故无法给出统一的定义。

还有些学者使用特定工作的产出或者结果来定义工作质量，Bryson，Erhel 和 Salibekyan（2017）认为工作质量是一个整体的满意状态，包括客观方面的物质幸福感、满意的人际关系和社会环境、客观感知到的健康，及主观方面的身体、心理和社会幸福感。该定义直接将工作质量定义为正向的满意状态，不利于客观描述工作质量的真实状态。Munoz de Bustillo 等（2011）指出，工作质量是一个多维度概念，并将其分解为就业质量和工作自身质量两部分，就业质量是指与就业相关的因素对员工幸福感的影响，例如雇佣合同、报酬、工作时间、职业发展等；工作自身质量是指工作本身和工作环境对员工幸福感的影响，如工作自主权、工作强度、工作的社会环境、物理环境等。Leach 等（2010）认为工作质量是一系列影响员工幸福感的工作特征。Schnalzenberger 等（2014）也同样提出工作质量是一个涉及各种就业与工作条件的多维度概念，它为员工捕获了各种各样的物质和内在利益（Iskander 和 Lowe，2013）。与上述两种方式相比，使用工作的结果和产出定义工作质量更加的合理，该种方式可以实现对不同国家、不同行业及不同岗位的工作质量进行统一的定义，且对后续测量工作更具有指导性。

国内对员工工作质量的研究起步较晚，且基本都是对就业质量（employment quality）的探究（国福丽，2009；明娟、曾湘泉，2015；刘素华，2005）。现有文献中对就业质量的定义有广义与狭义之分。广义的就业质量包括就业的数量和质量，即它同时包括就业机会及就业后的工作的质量；而狭义的就业质量与本文的工作质量概念基本一致，即仅关注在业者劳动过程中的质量（郭琦，2016）。国内文献主要是基于广义概念对大学生和农民工群体就业质量的研究（张抗私、李善乐，2015；李善乐，2017）。在少有的基于狭义就业质量概念的探究中，刘素华（2005）给出了具体的定义，即“就业质量是反映整个就业过程中劳动者与生产资料结合并取得报酬或收入的具体状况之优劣程度的综合性范畴”；从个体角度看，就业质量包括了与劳动者工作状况相关的一切要素。朱慧劼、风笑天（2019）通过回顾国内外就业质量的相关文献，总结出狭义就业质量是与就业待遇和福利相关的多维度概念。它反映了员工对工作的稳定性、尊严和安全、个人发展等因素的满意程度。国内对工作质量的概念使用较为混乱，对其名称和界定尚未达成一致，但普遍认为它是一个多维度的综合性概念（赵蒙成，2016；王慧、叶文振，2016）。

鉴于本研究是以管理学视角对员工个体层面的工作质量进行研究，总结国内外的相关定义，认为员工工作质量是一个多维度的复杂概念，它包含了一系列影响员工幸福感且与工作状况相关的要素。

2.1.2 员工工作质量的测量

工作质量的测量一直是各个相关组织与学者研究的重点（Burgess 和

Connell, 2008; Munoz de Bustillo 等, 2011; Cazes 等, 2015), 学者们的分歧主要集中在对工作质量的测量是应该基于客观或主观指标, 还是二者兼有(Warhurst, 2015)。

2.1.2.1 采用客观指标测量员工工作质量

部分学者认为工作很大程度是由物质条件所决定的, 且相较于主观指标, 测量客观指标更加容易, 因此仅采用客观指标来构建工作质量的测量量表(McGovern 等, 2004; Cazes 等, 2015; Piasna, 2018)。Cazes 等 (2015) 指出, 使用客观指标测量工作质量可以确保不同时间段及各个国家之间的员工工作质量具有可比性; 他们在分析了现有测量指标的不足后, 提出了三个测量指标, 分别是收入、劳动力市场保障和工作环境。与之相似, Chandola 和 Zhang (2018) 使用收入质量、劳动力市场安全性和工作环境质量三个客观指标测量员工的工作质量水平。欧洲工作质量指数 (JQI) 是衡量欧盟 28 个成员国工作质量的多维度量表。测量指标包括工资、就业和工作保障形式、工作时间和工作生活平衡、工作条件、技能和职业发展, 以及集体利益代表(Piasna, 2018)。McGovern 等 (2004) 总结称, 差工作是指那些低收入, 没有病假工资, 除基本国家计划外无养老金计划, 或缺乏职业或晋升阶梯的工作。

刘素华 (2005) 设计了包含聘用条件、工作环境、劳动关系和社会保障四个维度 17 个要素的狭义就业质量评价指标体系。其中, 聘用条件又分为工作时间、劳动报酬、工作稳定性、职工培训; 工作环境分为物理环境、安全环境、心理环境; 劳动关系分为劳动合同、民主管理、工会组织、平等协商和集体合同、社会对话; 社会保障分为养老保险医疗保险、工伤保险、失业保险、生育保险。明娟、王明亮 (2015), 刘莹莹、梁栩凌和张一名 (2018) 在测量我国农民工工作质量时, 都选取了收入、工作时间、劳动合同、社会保障四个客观指标。卢海阳、杨龙和李宝值 (2017) 在探究农民工工作质量和社会认知对其幸福感的影响时, 基于数据可得性和已有研究, 使用工作时间、劳动报酬、劳动合同签订状况、工作类型、是否参加养老保险和是否参加医疗保险这 6 个指标对农民工工作质量进行了测量。

2.1.2.2 采用主观指标测量员工工作质量

当基本的物质需求得到满足后, 员工对主观工作的特征更加重视(Kalleberg, 2009)。尽管典型的工作质量研究聚焦于客观指标, 工作的主观特征也同样重要 (Clark, 2005), 部门学者主张采用主观指标对工作质量进行测量。Mustosmäki 等 (2017) 在探究芬兰员工工作质量时, 采用了发展技能的可能性、工作自主权、工作付出和不安全感四个主观指标。LaMontagne 等

（2016）则开发了包含高工作要求和复杂性、低工作控制、高工作不安全感和不公平的工资四个主观指标的工作质量量表。Leach 等（2010）对澳大利亚家庭、收入和劳动力动态调查（HILDA）的 12 个项目进行评估，发现工作质量的三个关键组成部分是工作需求和复杂性、工作控制和工作保障。同时，他们还使用相同的数据验证了包含技能使用、工作控制、工作安全和付出回报平衡四维度量表，该量表被 Welsh 等（2016）采用，探究工作质量如何影响员工精神健康。

2.1.2.3　采用混合指标测量员工工作质量

与仅采用主观或客观指标来测量工作质量相比，更多的学者采用混合指标来全面地测量工作质量。Piasna 和 Plagnol（2017）在探究妇女不同人生阶段的工作质量时，考察了四个维度：工作保障、职业发展、工作时间和内在工作质量。其中，内在工作质量由技能和判断力、社会环境、物理环境和工作压力构成。Bryson 等（2017）通过内在工作质量，工作组织及关系，工作条件、强度、安全及健康，物质回报及工作生活平衡五个维度测量工作质量。Warhurst（2015）以英国和澳大利亚 3 个城市的高端酒店客房服务员为样本，使用工作组织、技能和培训、晋升机会、薪酬和福利 5 个指标对其工作质量进行了探究。DGB 指标是德国工会联盟开发的工作质量测量工具。该工具自 2007 年起就被德国广泛的使用，共包含 15 个维度，31 个题项。15 个维度分别是培训与学习、创造力、晋升、工作自主权、信息与交流、上级、组织文化、同事关系、工作富有意义、工作时间、工作强度、情感需求、物质需求、工作安全、收入（Jones 等，2014）。Boccuzzo 和 Gianecchini（2014）采用理论驱动的方法提出青年毕业生工作质量的综合指标（JQCI），该指标分为经济相关、专业相关和工作—生活平衡三个维度。Clark（2005）使用 6 个宽泛的工作结果对工作质量进行测量：收入，工作时间，未来前景（晋升和工作安全），工作的辛苦程度、压力和危险程度，工作内容（有趣、声誉和独立性）及人际关系。欧洲委员会 2001 年识别了工作质量的 10 个客观和主观维度，包括内在工作质量，技能、终身学习和职业发展，性别平等，工作中的健康和安全，进入劳动力市场，工作组织和工作生活平衡，弹性和安全感，社交对话和员工参与，多样性和无歧视，员工整体工作绩效（Kelliher 和 Anderson，2008）。Green（2006）指出，自 20 世纪 80 年代以来，学术界有使用技能要求、工作强度、工作自主性、工资和工作不安全感来衡量工作质量的趋势。Horowitz（2016）认为，虽然学者们不是经常使用相同的维度来测量工作质量，但是大部分使用的是以下维度的组合：工作报酬、工作保障、任务自主权、工作强度和安全工作条件。

赖德胜等（2011）基于统计年鉴数据构建了一个包括就业环境、就业能力、就业状况、劳动者报酬、社会保护和劳动关系 6 个维度的就业质量评价指标体系，并对省级就业质量进行了测量，该指标体系包含了 20 个二级指标和 50 个三级指标。苏丽锋、陈建伟（2015）构建了包含 15 个指标的个人就业质量测量量表，包括劳动报酬、就业稳定性、社会保护、职业发展、工作生活平衡度、社会对话、员工关系、劳动合同、培训机会、工作强度、工作与专业匹配度、加班及待遇、劳动安全、工资发放和职业受尊重程度。李颖、刘善仕和翁赛珠（2005）采用问卷调查的方式，使用工资水平、工作环境、工作地点和工作兴趣相适度 4 个维度对大学生的工作质量进行了测量分析。赵蒙成（2016）使用问卷法探究新生代农民工的社会资本对工作质量影响时，选取了工作性质、工作时间、工作环境、就业能力、工资报酬及福利和心理感受 6 个维度作为员工工作质量测量内容。其中，工作时间包括每日工作时间、每周工作天数、加班状况及加班意愿等；工作环境包括物理环境如安全性、住宿条件，心理环境如人际关系、工作压力、工作自由度和强度、工作稳定性等；就业能力指工作技能和职业发展等；心理感受包括兴趣、满足感、社会尊重等。李中建、袁璐璐（2017）在对我国农民工工作质量测量时，选取了工资水平、工作强度、就业稳定性和工作福利四个维度。李善乐（2017）基于全国范围内大学毕业生就业质量微观调查数据，选取了专业对口程度、合同类型、工资增长情况、工作与健康、工作安全、工作变动、工作与生活、工作评价、职业危机情况和岗位培训 10 个指标对大学毕业生的工作质量进行了测量。毛宇飞、曾湘泉和祝慧（2019）基于中国综合社会调查（CGSS）数据，使用工作时间、小时工资率、工作自主性对员工工作质量进行了测量。朱慧劼、风笑天（2019）基于中国劳动力动态调查数据中的农民工数据，使用工作满意度、工作价值感、工作自主性、劳动强度和工作压力 5 个指标对农民工工作质量进行了测量。聂伟、风笑天（2016）总结称，国内学者提出的一系列工作质量测量指标虽存在差异，但基本包含劳动报酬、工作时间、工作稳定性、劳资关系、工作环境、社会保障、职业发展及主观满意度等维度。

现有文献基于不同的社会背景、不同的研究人群及研究视角给出了多种多样的工作质量测量方式，但这些测量工具仍存在以下问题：首先，一些基础的与工作相关的特征并没有被纳入某些测量指标体系中，且有些指标的代表性不足（Munoz de Bustillo 等，2011；Cazes 等，2015）。比如一些测量量表仅仅考虑了个体的态度（如工作满意度），忽略了工作本身的细节和工作内容，还有一些量表仅考虑了工作的宏观内容，如国家为员工提供的法律层面的保护、降低失业损害的福利系统、承担失业风险的经济条件。其次，量表中的指标较为混杂，可操作化较差。有些研究混合了员工个体特征、工作本身、制度环境和劳动力市场等多重测量指标（Tremblay，2018）。有些测量量表包含的范围过于广泛，且同时将工作质量成果（如收入）和工作质量驱动因素（如劳动关系系统的特点）等测量指标纳入其中（Cazes 等，2015）。最后，大多数量表是以发达国家为背景开发的，并不适用于发展中国家；而国内对工作质量的研究主要集中于大学毕业生和农民工两大群体（李颖、刘善仕和翁赛珠，2005；张抗私、李善乐，2015；赵蒙成，2016；李善乐，2017；朱慧劼、风笑天，2019），测量量表缺乏普适性。

2.1.3 员工工作质量量表开发的建议

Munoz de Bustillo 等（2011）总结了现有的三种确认工作质量测量指标的方式。

第一种方式是直接使用员工工作满意度作为总体指标测量工作质量（Clark，2005；Cappelli，2006；González-Romá 等，2018）。采用该方式的学者认为之所以对工作质量进行测量，是因为我们想要测量工作特征对员工幸福感的影响，与其关注工作特征这一输入，不如直接关注输出的结果，即员工在工作中的满意程度及幸福感。而工作满意度作为社会学经典变量之一，是员工对自己工作满意程度的汇报，因此使用工作满意度作为测量工作质量的替代就成了显而易见的选择。但该种测量方式受到了众多学者的质疑（Osterman，2013；Tremblay，2018）。在本文的 2.1.4 小节中，我们将详细论述工作满意度替代工作质量的不足之处。

第二种确认工作质量测量指标的方式是询问员工“什么构成了一份好的工作”，即通过对员工进行访谈等方式，确认哪些工作特征对工作质量影响最大，进而构建相应的测量模型（Jones 等，2014）。采用该种方式的优点是，它是由员工自己确认了什么构成了一份好的工作，选取的指标更具有代表性；这种方式也更具有弹性，根据答案，不同国家可以构建出不同的模型，且模型可以依据历史的变化而发生变化。该方式对于构建工作质量测量指标非常重要，但单独使用该方法进行员工工作质量测量量表开发存在不足。首先是员工的回答受制于自身工作，具有局限性，且研究者需要对回答进行概念化才能准确获得工作质量测量指标。

第三种方式是从社会科学文献中确定工作质量的测量指标（Warhurst，2015；Piasna 和 Plagnol，2017；聂伟、风笑天，2016）。众多的社会科学文献从不同视角探究了工作和就业是如何影响员工幸福感的，同时还提供了相应的理论和实证证据。但从相关文献的工作质量测量指标中，挑选出适合的指标来构建员工工作质量量表仍是颇具挑战的工作。这是因为已有的工作质量测量指标多而杂乱，既包括过程指标又包括结果指标，既包括动态指标也包括静态指标，还有些指标与工作并不直接相关，因此需要制定相应的标准来选出适合的指标，以确保最终形成的员工工作质量量表的可靠性。

最后，Munoz de Bustillo 等（2011）建议综合使用后两种方式来构建员工工作质量测量指标，即在现有文献基础上，通过对员工进行访谈来确定所应该选取的指标。

除此之外，Munoz de Bustillo 等（2011）、Cazes 等（2015）和 Tremblay（2018）等就员工工作质量量表开发给出了具体的建议，总结而言，主要有以下几点：第一，所有的测量指标都应该在个人层面上界定。第二，测量指标应该清晰限定在直接影响员工幸福感的工作相关的指标上。在设计指标时，应该考虑到工作特征与社会制度（特别是福利体系）和家庭结构的交互作用，但这并不意味着与其相关的变量应该纳入测量指标中，仅仅与工作直接相关的特征可以被纳入。第三，相较于测量工作过程，测量工作结果更加合适。但是当缺乏适合的输出信息时，测量过程也是一种解决方案。在某些情况下，过程本身也可能是重要和积极的工作特征之一，例如在决策制定中，员工参与就可以被解释为与高的工作质量相关。第四，测量工作质量的指标不需要关注动态指标，只需测量静态指标。工作质量关注的是工作本身而不是员工，即使员工从低质量的工作转到了高质量的工作，低质量的工作也依旧存在。第五，在确定各个测量指标的权重时，有数据驱动和理论或政策驱动两种方式，而使用理论或政策驱动来决定权重更加合理。第六，员工自我汇报式测量是最常用也是最基本的调查方式。尽管自我汇报式测量存在问题，员工容易错记或夸大工作时间，测量结果受到自适应偏好、社会规范和参考要点的影响等，但除个别客观指标外，更多的工作特征测量只能通过员工自己的汇报。最了解自己工作的是员工本身，良好的工作质量测量应该是相同岗位的员工对他们工作的特征有着相近的评分。

2.1.4 员工工作质量与工作满意度的差别

如 2.1.2 中所述，部分研究使用工作满意度作为工作质量测量的总体测量指标（Cappelli，2006），也有部分研究将工作满意度作为测量工作质量的一个指标（Green 等，2010；González-Romá 等，2018；朱慧劼、风笑天，2019），但 Munoz de Bustillo 等（2011）、Tremblay（2018）和 Osterman（2013）等指出，将工作满意度作为工作质量的整体测量指标或其中一个维度均存在诸多不合理。具体而言，原因如下：

第一，工作满意度测量的是员工现有工作的质量与他们对工作的期望之间的关系，因此提高工作满意度有两条途径，分别是改变工作条件或者改变员工对工作的期望。不同国家的不同员工在不同时期对工作的期望不同，如 Lincoln 和 Kalleberg（1985）发现，从事条件相似工作的日本和美国员工因为对工作的期望不同，工作满意度也不同；1972—2006 年美国蓝领工作者的工资和工作安全感发生恶化，但是他们的工作满意度并没有下降。Kalleberg（2011）分析称出现该种状况是由于群体效应和对工作的期望影响了工作满意度；在劳动力市场中处于劣势地位的员工会展现出对环境的适应性，对工作的期望较低，工作满意度反而会高。与通过改进工作质量来提高工作满意度相比，降低员工期望是更加简单和便宜的提升工作满意度的路径。当工作满意度提高时，并不意味着员工工作质量得到了改善。因此使用工作满意度作为工作质量测量的替代并不科学。

第二，实证调查结果表明，不同国家之间的工作满意度与工作质量状况不相符，如 Munoz de Bustillo 等（2011）指出，2005 年国际社会调查项目（International Social Survey Program 2005）显示墨西哥、瑞士和菲律宾等国家的员工整体工作满意度最高，工作满意度最低的是韩国、法国和拉脱维亚的员工，而这一结果与世界各地的工作质量和就业条件并不相符。他们还比较了菲律宾、墨西哥、丹麦、中国台湾地区、美国等在经济和社会发展方面不同的国家和地区的员工的整体工作满意度，发现这些值之间的变化范围极小。Munoz de Bustillo 等（2011）还对各国员工工作满意度进行排名，与国际劳工组织（ILO）和欧洲改善生活与工作条件基金会（Eurofound）对各国工作质量的排名进行比较，发现二者并不相符。

员工自我汇报的工作满意度是对其行为的有效预测，但是这并不代表工作满意度随着时间的变化趋势可以有效地说明工作质量的变化。当对工作满意度的变化趋势或者对不同国家和人群的工作满意度进行比较时，并不能知道是工作质量客观的变化，还是员工对工作的不同性质考量或者对不同性质分配的权重不同发挥着作用。也就是说，工作满意度无法替代员工工作质量所能提供的信息（Osterman，2013）。

第三，尽管工作满意度与工作质量相关，但是很多显著的工作特征差异并不会对员工的工作满意度产生显著的影响；同样，也有许多与工作质量不相关或者内生的变量会影响工作满意度。如 Clark 等（1996）发现教育程度与工作满意度负相关，但是，众所周知学历越高，从事工作的客观条件就越好。有文献表明，员工工作满意度与自主权和压力更加相关，而非工资。工作环境对工作满意度和工作质量都很重要，但是却会对二者的测量产生不同的影响（Munoz de Bustillo 等，2011；Osterman，2013）。

第四，工作满意度取决于员工对其工作的整体评价，而当其作为工作质量复合指标中的一个维度时，就意味着输入和输出同时包含在测量指标中，相当于对影响变量进行了两次测量。因此，即使将工作满意度作为测量工作质量的一个维度也不合理（Munoz de Bustillo 等，2011）。

第五，使用工作满意度替代工作质量会限制相关政策的制定和对员工工作质量的深入研究。采用多维度合成指标测量工作质量就可以对工作质量进行分解，便于了解具体哪些工作特征可以影响员工的工作质量（Munoz de Bustillo 等，2011；Tremblay，2018）。

2.1.5 员工工作质量的前因变量

对工作质量前因变量的研究也一直是研究的焦点和热点，总结现有的文献，国家社会层面、企业层面和个体层面的变量均会对员工工作质量产生影响。

2.1.5.1 国家社会层面变量对员工工作质量的影响

工作是嵌入在政治和经济环境中的，国家体制、发展程度、公共政策、劳动力市场、科技水平等社会政治因素都会影响员工工作质量。Rothstein（2016）在探究北美汽车行业员工工作质量下降的原因时提到了经济全球化对员工工作质量产生的影响。Piasna（2018）利用欧洲工作质量指数（JQI），分析2005年至2015年欧洲员工的工作质量变化，发现欧洲各成员国之间员工工作质量存在巨大差异。尽管欧盟有欧洲总体就业战略，但基于不同的就业制度视角，各个国家的员工被纳入了不同的工作监管机构。以瑞典为代表实施北欧制度的国家通过严格的就业法规和高水平的社会福利制度保证了员工的工作质量；而英国等自由市场经济体（LME）的劳动力市场管制较为放松，福利水平较低，且并不强调职业教育，员工工作质量主要取决于市场的力量；法国等协调市场经济体（CME）具有长期的企业投资、社会对话和合作就业关系，以及大量的初级职业培训，这些均有助于提升员工的工作质量（Bryson 等，2017）。Bryson 等（2017）的研究表明，在不加入控制变量的情况下，英国员工的平均工作质量反而高于法国员工；加入控制变量后，两国员工工作质量差距拉大，说明法国的人口统计学变量和工作场所特征确实比英国更有利于提高工作质量。Findlay 等（2017）也指出，在自由市场体制下，工会权力的削弱和日益个性化的雇佣关系降低了雇主提升员工工作质量的压力。较强的制度环境比较弱的制度环境更能直接影响工作质量。Reda 等

(2012) 则认为，更富裕的国家将拥有更多高质量的工作，而以人均 GDP 上升为标志的长期富裕可以反映在员工工作质量的提高上。

政府的公共政策也会对工作质量产生影响（Osterman，2013），不同国家对工作条件、工作时间、工资、平等待遇和健康安全的规定和监管力度不同，这些规章制度可以降低工作质量的不平等，对低质量的工作起到控制作用（Green 等，2013）；提高最低工资标准，当公司提供员工培训时，可以税收抵免等公共政策提高员工的工作质量（Kalleberg，2009）；政府的家庭支持政策可以为民众带来产假和儿童保育选择，以及对工作时间进行管理的法律等，都可以缓解工作的不稳定性和不安全感（Kalleberg，2009），进而提升了员工的工作质量。

劳动力市场对员工工作质量的影响更加显而易见，对劳动力需求的增加有可能会提高员工的工作质量（Green 等，2013）。Piasna（2018）对劳动参与率与工作质量之间的关系进行了探究，发现了二者之间有协同作用，即随着劳动参与率的提高，工作质量也有所提升。但 Findlay 等（2017）和 Pond（2005）则认为，工作质量和工作数量之间存在残酷但不可避免的权衡，即工作质量越高，就业机会就越少。而劳动力市场结构对工作质量也会产生影响，如随着女性劳动参与率的稳步增加，员工对工作与生活平衡等工作特征的需求就会不断地增长（Green 等，2013）。

技术变革和科技进步可以消除部分质量差的工作（Findlay 等，2017），对部分工种的员工进行不同程度的替代和补充，改变工作组织、工作任务的性质和工作所需技能（Menon，Zwysen 和 Salvatori，2018），如计算机的使用可以提高员工组织工作的弹性，进而提升工作自主权；但当科技被用来提高工作标准和监视员工时，员工的自主权就会下降。就工作强度而言，一方面技术进步使得任务分配更加迅速高效，增强了员工的工作强度；另一方面技术又能使工作组织更加灵活，减轻了员工的压力（Green，Felstead 和 Gallie，2003；Menon 等，2018）。Menon 等（2018）在研究欧盟 15 国 1995—2015 年计算机的使用对员工工作质量的影响时，发现计算机的使用对员工的自主权产生了积极影响，但对工作强度的影响很小或基本没有。20 世纪 90 年代，信息技术不断发展，有些受访员工认为技术会使工作更加有趣，但最终结果却显示，技术使得工作不那么有趣了（Handel，2005）。

2.1.5.2　行业层面变量对员工工作质量的影响

在行业层面，行业类型会对员工工作质量产生影响。Kalleberg（2009）等认为，相较于私营企业，非私营企业的员工工作更加稳定、状况更好。Green 等（2016）则认为，公共部门的工作普遍要求较高的学历水平且近年来工作保障变差，工作也往往比私营部门更加紧张，将这些因素考虑在内，私营企业与非私营企业员工的工作质量差异要小得多。Kalleberg 等（2000）还指出，相较于其他行业，制造业员工的工作质量更高。MacDermid 等（2001）对建筑业、制造业、运输业（包括公用事业和通讯业）、批发业、零售业、金融业（包括保险和房地产业）和服务业 7 个行业的员工工作质量进行了调查，发现零售业员工的报酬较低，但通勤时间较少，而且更有可能按照自己希望的工作时数工作；服务业员工工作时间更长，报酬也更少，但是工作更有刺激性；建筑业员工的工作时间相对较长，通勤时间也较长，但工作压力更小，寻找新工作更容易；制造业员工获得了更多的福利，但对工作时间的控制也更少，比较难找到新工作。

2.1.5.3 企业层面变量对员工工作质量的影响

在企业层面，企业的规模、企业性质、组织战略、工会等均会影响员工的工作质量。大型企业可以为员工提供更高的工资、更全面的福利政策和更加稳定的工作；同时，大型企业的内部劳动力市场较小型企业的内部劳动力市场更为发达，员工拥有更好的晋升和内部流动前景，且大型企业拥有更高的工会率，增强了员工的谈判能力，因此部分学者认为大型企业可以为员工提供更高质量的工作（Bryson 等，2017；Boccuzzo 和 Gianecchini，2015）。但 Díaz-Chao 等（2017）对西班牙 2008 年的 5 311 名员工和 2010 年的 4 925 名员工进行代表性抽样，采用两阶段结构方程模型，按企业规模等级对西班牙员工工作质量进行了实证分析，发现中小企业在工作条件、工作强度、工作健康与安全及工作和生活平衡等方面对员工更加有利，因此，员工的工作质量更高。拥有 ISO9001 认证的企业通过识别和消除潜在的危险行为、制定正式的纠正措施和流程以及将常规审计和管理评审制度化，可以提高员工的安全性。以美国加利福尼亚州 1 000 个企业为样本的实证研究也证明了采用 ISO9001 标准可以降低员工的工伤率，但是形式化和工作实践文档化也可能会对员工工作质量产生负面影响（Leach 等，2010）。

通过对多个国家员工的调查显示，有效的人力资源政策及行动、企业内部劳动力市场的运作都可以提升员工工作质量，提高员工的工作满意度和组织承诺，降低员工的离职倾向（McPhail 和 Fisher，2008）。现有文献对工作场所中人力资源管理策略如何提升工作质量的研究比较零碎（Burgess 和 Connell，2008；Green 等，2016）。Kelliher 和 Anderson（2008）探究了英国弹性工作制与员工工作质量之间的关系，发现弹性工作制对员工感知的工作质量有显著的正向影响，但却会对员工的长期进步和职业发展产生负面影响。Lowe（2001）对加拿大工作场所的研究表明，高绩效工作系统通过加强团队合作、对弹性工作的设计、鼓励工作参与、致力于培训和学习、共享信息、鼓励上级支持员工等方式来对员工工作质量产生影响。Burgess 和 Connell（2008）提出战略型人力资源管理，通过增强员工承诺、强调员工人力资本、强调员工工作质量等方式提升工作质量。Osterman（2013）和 Van Veldhoven 等（2017）指出，高绩效工作系统和高参与工作系统在不改变工作其他特征的情况下，改变了大量传统单调工作的内容。但 Green 等（2016）等学者则认为，高绩效工作系统经常被认为是有益于员工工作质量的，但有时也会有损于员工工作质量。

2.1.5.4 个体层面变量对员工工作质量的影响

在个体层面，员工个体的性别、年龄、教育程度、婚姻状况、健康状况、岗位类型、合同类型、社会资本及人力资本等都会影响员工工作质量。学者们普遍认为，相较于男性，女性更容易面临工作质量比较差的工作（McGovern 等，2004；Boccuzzo 和 Gianecchini，2015；Piasna 和 Plagnol，2017）。有学者认为年轻人在劳动力市场中的经验有限，因此工作质量更差（McGovern 等，2004；Piasna 和 Plagnol，2017）；但 Clark（2005）却认为年轻的员工更不容易受到工作质量下降的影响。教育程度较低的员工在劳动力市场中对雇主的吸引力较低（McGovern 等，2004），Bryson 等（2017）指出受教育程度较高的人能够找到更好的工作，非金钱的工作质量与教育程度正相关；Boccuzzo 和 Gianecchini（2015）的研究表明，获得硕士学位的人在毕业 3 年后的工作质量明显高于只获得学士学位的人。单身男性比已婚男性更容易从事工资收入较低的工作（McGovern 等，2004），Welsh 等（2016）也指出，在年龄较大的工作者中，相较于已婚者，单身工作者从事低质量工作的可能性更大。此外，家庭政策和对待性别角色的态度会对员工一生中工作质量的变化产生重大影响；通过对 27 个欧洲国家的研究表明，有年幼子女的母亲比处于其他人生阶段的妇女更有可能从事高质量的工作，但在工作保障方面，各国情况有所不同（Piasna 和 Plagnol，2017）。盛亦男（2019）发现生育政策调整后，传统的家庭分工模式及欠缺的社会、单位和家庭支持，使得我国女性工作质量整体下降。La Montagne 等（2016）发现，在澳大利亚身体残疾劳动者的工作质量低于没有身体残疾的劳动者。雇主们试图通过提供更高的工资和丰厚的福利来留住高技能员工，因此，高技能岗位上的员工比低技能岗位的员工工作质量更高（Kalleberg 等，2000）。McGovern 等（2004）和 Welsh 等（2016）等学者也指出，相较于白领工作者，蓝领工作者更容易暴露于不良工作特征中。与正式员工相比，兼职员工和临时工等非正式员工的工作质量更差（Kalleberg 等，2000；McGovern 等，2004；Burgess 和

Connell，2008；Welsh 等，2016）。但李善乐（2017）基于中国国内大学毕业生微观调查数据显示，性别、婚姻状况及政治面貌对毕业生工作质量影响不大，但毕业生工作质量随着教育水平的提升而增高。

González-Romá 等（2018）以 2006 年至 2010 年从西班牙瓦伦西亚大学获得学位的 7 881 名大学毕业生为样本，探究了毕业生职业认同、个人适应性、人力资本和社会资本对其工作质量的影响。结果表明，毕业生的职业认同、人力资本和社会资本与其工作质量显著正相关。刘莹莹、梁栩凌和张一名（2018）发现，我国新生代农民工人力资本各要素对其工作质量有显著的正向影响。赵蒙成（2016）则指出，社会资本越高的新生代农民工，工作质量越高。明娟、王明亮（2015）及明娟、曾湘泉（2015）关注了农民工工作转换对其工作质量的影响，发现频繁的工作转换并不能提升员工工作质量，反而会产生负面影响。务工距离与我国农民工工作质量之间存在正 U 形的曲线关系，在本县范围内，务工距离的增加会导致工作质量的下降，而超出本县范围后，务工距离与工作质量正相关（李中建、袁璐璐，2017）。

2.1.6 员工工作质量的结果变量

对工作质量结果变量的研究主要集中在其对员工健康、幸福感、创新行为、退休意愿等的影响上。已有研究表明，员工工作质量与员工健康相关，工作不安全感、收入、工作强度、工作自主权及安全氛围等工作特征会通过不同作用机制影响员工的身体和心理健康（Horowitz，2016）。现有研究对工作质量与员工健康之间的关系越来越感兴趣，这既包括传统上对低工作质量危害员工健康的关注，更包括对高工作质量在维护和改善员工健康和幸福感方面作用的关注（Jones 等，2014）。LaMontagne 等（2016）研究发现，工作时间过长和夜班工作者患病率更高。Welsh 等（2016）以澳大利亚 836 名 50 岁至 59 岁的员工为样本，发现与从未或只是偶尔从事低质量工作的人相比，经常从事低质量工作的员工自我评价和心理健康状况较差，身体机能水平也较低。最近的研究表明，低质量的工作比失业对员工心理健康的危害更大；相比之下，以工作自主权、员工灵活性和低工作压力等为特征的高质量工作有助于改善员工健康状况（Welsh 等，2016；Chandola 和 Zhang，2018）。Díaz-Chao 等（2017）研究发现，工作质量会影响员工的身体、心理和情绪健康，进而影响组织的业绩；且工作和家庭相互反馈，工作满意度和工作成就与个人和家庭相关的满意度和幸福感相互作用。朱慧劼、风笑天（2019）研究发现，劳动强度、工作自主性、工作压力、工作价值感等工作质量特征显著地影响我国农民工的精神健康，且对不同代际的农民工影响不同。

在许多发达经济体中，鉴于工作质量会影响员工的工作满意度和幸福感，进而影响组织绩效和国家经济，工作质量的重要性获得了学术界、智库和政府的认同（Warhurst，2015）。Horowitz（2016）发现，工作质量的各个维度通过不同的作用机制影响员工的主观幸福感，其中工作安全和安全的工作环境直接作用于员工幸福感，而工资收入、员工工作自主权和工作强度则中介于社会生活、身体健康、阶级认知和闲暇时间影响员工幸福感。LaMontagne等（2016）研究发现，低工作控制、高需求和复杂性、高工作不安全感和低工资公平性，以及与工作时间相关的压力源会威胁员工的主观幸福感。Esenaliev和Ferguson（2019）则探究了在发展中国家吉尔吉斯斯坦工作质量对员工幸福感的影响，当仅使用收入和工作时间测量工作质量时，工作质量与员工幸福感不相关；但当使用收入、工作时间、工作安全、工作趣味性、自主权和工作礼节测量工作质量时，工作质量与员工幸福感正向相关。卢海阳、杨龙和李宝值（2017）发现，工作质量对农民工幸福感有显著的正向影响，且存在代际差异。

工作质量还会影响员工与工作相关的决策，如是否选择就业或退休。Schnalzenberger等（2014）使用欧洲健康、老龄化和退休调查的数据来研究工作质量和退休之间的关系，分析表明，工作质量既会直接影响员工的退休或停止工作的决定，也会影响员工的决定。Welsh等（2016）提出，工作特征和心理压力与员工退休意愿及决策相关，不同岗位的员工可能有不同的提前退休诱因，如对于专业技术员工，工作压力和心理压力更有可能导致其退出，而对蓝领员工而言身体需求和心理压力更为重要。Piasna和Plagnol（2017）对27个欧洲国家的研究发现，高质量工作对妇女生育决策和产后就业市场非常重要，且会对欧洲就业政策产生影响。Findlay等（2017）也指出，在国家层面，工作质量较高的国家往往就业参与率较高，失业率较低。Van Veldhoven等（2017）以772名在服务行业或制造业工作的员工为样本，探究了工作质量如何影响工作场所中的职业主动性，结果表明工作质量的工作多样性维度与职业主动性正相关，而当部门经理实施成果导向的绩效管理时，工作多样性和职业主动性之间的正向关系被削弱。聂伟、风笑天（2016）利用长三角和珠三角农民工问卷调查数据发现，农民工工作质量与加入当地户籍的意愿正向相关。

员工工作质量与员工的创造力、创新行为和主动性行为正相关（Dorenbosch，Engen和Verhagen，2005；Salanova和Schaufeli，2008）。工作质量会影响员工的认知、承诺和绩效，它还可以与组织目标及国家就业战略相联系，用来改善员工生活质量和提高国民经济绩效，提升国家的竞争力（Burgess和

Connell, 2008; Findlay 等, 2017)。Findlay 等(2017)也指出,糟糕的工作质量会提升企业的人员更替率,增加招聘和培训成本,降低生产率和绩效;还会产生外部成本,影响医疗、福利和税收体系。

2.1.7 小结

通过对员工工作质量的定义、员工工作质量测量、员工工作质量量表开发建议、员工工作质量与工作满意度的差别、员工工作质量的前因变量和员工工作质量的结果变量进行系统的回顾,发现现有的员工工作质量研究存在以下不足:首先,定义不清晰。现有的文献大都认为它是一个复杂的多维度概念,包含了一系列影响员工幸福感的工作特征。依据 Law, Wong 和 Mobley (1998),共存在三种多维构念,但现有文献并未明确员工工作质量的多维构念类型。不同多维构念类型的测量方式存在较大差异,定义的不明晰就为后续研究带来了诸多不便。其次,员工工作质量的测量工具存在指标代表性不足、指标混乱及大都以发达国家为背景开发等不足。再次,对企业层面员工工作质量前因变量研究不足,已有文献集中探讨了企业性质、企业规模等对员工工作质量的影响,对企业人力资源管理政策等对员工工作质量的影响研究仍存在不足。最后,国内员工工作质量研究较为滞后,现有研究主要围绕农民工和大学毕业生展开,对其他人员的工作质量关注不足。

2.2 高绩效工作系统

2.2.1 高绩效工作系统的定义

战略型人力资源管理(strategic HRM)是旨在帮助组织实现其目标计划的人力资源部署和活动的模式(Wright 和 McMahan, 1992)。与传统的人力资源管理只关注单个人力资源实践不同,战略型人力资源管理采用系统的观点检验一系列人力资源实践的效果(Jiang 等, 2012)。Delery 和 Doty (1996)总结出战略型人力资源管理领域存在普遍观、权变观和配置观三种理论视角。其中,普遍观认为一些人力资源管理实践总是优于其他的实践,这些实践被称为是"高绩效工作实践"或者"最佳实践";权变观认为,只有当人力资源管理实践与组织其他方面相一致时,才能发挥出效果;配置观与系统观和权变观不同,它关注多种人力资源实践整体的作用,认为组织必须开发出一个横向和纵向均适配的人力资源管理系统来帮助组织实现战略目标。高绩效工作系统就来自对最佳人力资源实践的探索。学者们发现最佳实践之间存在加成效应和协同效应。它们所组成的系统比单一的人力资源实践更有效（Combs 等，2006），因此，越来越多的研究转而探讨高绩效工作系统（Huselid，1995；Combs 等，2006；Lepak 等，2006；Jiang 等，2012；Xi，Chen 和 Zhao，2019；Han，Sun 和 Wang，2019）。

在不同的文献中，高绩效工作系统又被表述为高绩效人力资源系统（high performance HR system）、高绩效工作实践系统（high performance work practice system，HPWPS）、高承诺工作系统（high commitment work system）、高参与工作系统（high involvement work system）等，这些概念与高绩效工作系统含义基本一致（陈笃升，2014），但仍有细微差别，如高承诺工作系统更加强调通过提升员工的承诺来实现组织目标；高参与工作系统则注重加强员工参与以完成组织目标；而高绩效工作系统强调对组织绩效的提升，Lepak 等（2006）指出，高绩效工作系统包含了高承诺工作系统和高参与工作系统的要素，但是范围更广。一些文献中也直接使用人力资源系统（HR system）来指代高绩效工作系统（Appelbaum 等，2000；Datta 等，2005）。

与称谓的模糊性相同，高绩效工作系统的概念内涵也仍未达成一致。基于普遍观，Huselid（1995）提出高绩效工作系统是组织通过全面的员工招聘和甄选程序、激励性薪酬和绩效管理系统、广泛的员工参与和培训，来提升现有员工的知识、技能和能力，激发他们的努力动机，使其减少偷懒行为，保留优秀员工和鼓励绩效不佳者离职。Lepak 等（2006）指出，高绩效工作系统涵盖了几乎所有类型的最佳实践，包括选择性人员配置、个人和团队激励、强化培训和发展、绩效评估、员工参与、工作与生活平衡计划和信息共享等。一些学者将高绩效工作系统定义为一组独立但又相互关联的人力资源管理实践，包括严格和有选择的人员配置、广泛的培训、激励性报酬和绩效考核等最佳实践，旨在提高员工的能力、动力和贡献机会，从而提升员工和组织的绩效（Chang 和 Chen，2011；苗仁涛等，2013）。

但主张权变观和配置观的学者认为，由最佳实践组成高绩效工作系统的实践束存在“一刀切”的弊端。只有实践束满足横向匹配和纵向匹配时才能更好地帮助组织实现目标，其中横向匹配是指各实践之间互补一致，纵向匹配是指与组织战略匹配（Chang 和 Chen，2011；Xian，Atkinson 和 Meng-Lewis，2019）。配制观还强调高绩效工作系统是一个连贯、集成的人力资源实践组合，Datta 等（2005）将高绩效工作系统定义为通过提高员工技能、承诺和生产率，使员工成为组织竞争优势来源的人力资源实践系统。Huselid 等（1997）将高绩效工作系统定义为一套组织内部一致的政策和实践，它可以确保员工的集体知识、技能和能力等人力资本有助于实现组织的目标。Huang

等（2016）将高绩效工作系统定义为一套连贯的人力资源管理实践束，旨在促进员工对其工作和组织目标的承诺和参与，最终提高公司绩效。张徽燕等（2015）将其定义为由一系列人力资源管理实践组成的一个相互补充和协同的系统，用于提升企业竞争力和可持续竞争优势。Appelbaum 等（2000）提出的 AMO 模型认为，高绩效工作系统通过改善员工能力、动机和贡献机会来对组织绩效产生影响。采用此框架，Sanders，Yang 和 Li（2019）等将高绩效工作系统定义为一系列独立但相互关联、内部一致和互补的人力资源实践，旨在通过提高员工的能力、动机和贡献机会来提高员工和组织的绩效。

总体而言，高绩效工作系统是一个连贯的、集成的人力资源实践组合，它通过积极影响员工能力、动机、机会、态度、承诺等，来帮助组织提高绩效，获得竞争优势（Huang 等，2016；Xian 等，2019；张徽燕等，2015）。

2.2.2 高绩效工作系统的维度及测量

高绩效工作系统是由一系列相互关联且互补的人力资源实践所组成，但是具体由哪些实践组成却并无定论。Huselid（1995）在 Delaney 等学者的量表基础上，加入了 3 个题项，开发出 13 题项的高绩效工作系统量表，并将量表分成员工技能与组织结构、员工动机两个维度，前者包含了信息分享、利润分享计划等 9 个题项，后者则包含了培训、工作设计等 4 个题项。Delery 和 Doty（1996）开发的包含内部职业机会、培训、结果导向的评价、工作保障、参与、工作描述和利润分享 7 个维度、23 个题项的量表得到了广泛的使用（Xi 等，2019；曹曼、席猛和赵曙明，2019）。Ichniowski，Shaw 和 Prennushi（1995）通过对人力经理、劳动关系管理者、工会和员工等的访谈开发了一个包含激励报酬、团队、弹性工作分配、工作保障、培训和沟通的高绩效工作系统量表。

Combs 等（2006）通过元分析识别出高绩效工作系统包含的 13 个工作实践，分别为：激励报酬、培训、报酬水平、参与、选择性、内部晋升、人力资源规划、弹性工作、绩效考核、申诉机制、团队、信息共享、工作保障。Gong，Chang 和 Cheung（2010）通过对 48 个高绩效工作系统的研究发现，选择性招聘、广泛培训、职业规划和晋升、定期绩效评估、通过团队参与决策、绩效薪酬、工作保障和信息共享这 8 项人力资源实践至少在 5 个研究中出现。Jiang 等（2012）通过文献回顾发现了 14 项经常使用的人力资源实践，依据 AMO 模型，将其分为能力促进人力资源实践、态度促进人力资源实践和机会促进人力资源实践。其中，员工招聘、员工选择和培训属于能力促进型；绩效评估、薪酬、激励、福利、促进和职业发展，以及工作保障属于态度促进型；而工作设计、工作团队、员工参与、正式的申诉和投诉程序，以及信息共享属于机会促进型。张正堂、李瑞（2015）通过元分析得出，薪酬和奖励、培训、招聘与选拔、参与和授权、绩效管理、信息共享和沟通、工作设计、工作保障/雇佣安全、晋升、团队合作是出现频率排在前10项的人力资源实践。

有学者认为，中国情境中高绩效工作系统所包含的人力资源实践与西方情境有所不同（刘善仕、周巧笑，2004；张一弛、黄涛和李琦，2004；蒋春燕、赵曙明，2004；苏中兴，2010），因此，有些研究以中国企业为样本，开发或者修订了高绩效工作系统量表。Xiao 和 Björkman（2006）基于社会交换理论，开发了包含内部晋升、工作稳定性、参与等15个题项的量表，他们还指出在中国企业中工作稳定性这项人力资源实践并不重要。王虹（2010）在文献梳理、深度访谈和调查问卷等方式的基础上，开发出包含结果评估、广泛培训等8维度、29题项的量表。苏中兴（2010）通过访谈和二手案例资料开发了不同于西方研究情景的8维度量表，包括广泛培训、员工竞争流动和纪律管理、信息分享、严格招聘、基于结果的考核、薪酬管理、内部劳动力市场、员工参与管理。他还指出，团队工作、工作保障、基于行为的考核、申诉和争议解决机制等频繁出现在西方高绩效工作系统文献中的人力资源实践在中国企业中很少出现，而员工的竞争流动机制和严格的劳动纪律管理却频繁出现。且相较于广泛培训、员工参与、信息共享等西方高绩效工作系统强调的人力资源管理实践，基于结果的考核对现阶段中国企业的绩效贡献更大。

张徽燕、李端凤和姚秦（2012）结合中国研究情景，通过元分析将高绩效工作系统中出现频率较高的实践归纳为工作设计和参与管理、招聘选拔、绩效考核与管理、劳动纪律管理、薪酬激励、信息分享和沟通、员工关系和员工培训。苗仁涛等（2013）发现，中国企业更倾向于采用严格招聘与选拔、员工参与管理、广泛的培训、内部劳动力市场、信息分享、薪酬管理等人力资源实践。

综上得到表2.1。

表2.1 高绩效工作系统测量量表汇总

学　者	样本信息	维　度	题项数目
Huselid（1995）	美国968家企业	员工技能与组织结构，员工动机	13个
Ichniowski，Shaw 和 Prennushi（1995）	美国17家钢铁公司	激励薪酬、团队、弹性工作分配、工作保障、培训、沟通	15个

续表

学　　者	样本信息	维　　度	题项数目
Delery 和 Doty（1996）	美国 1 050 家银行	内部职业机会、培训、结果导向的评价、工作保障、参与、工作描述和利润分享	23 个
Xiao 和 Björkman（2006）	中国 4 家 IT 公司	未区分	15 个
Sun，Aryee 和 Law（2007）	中国 86 家酒店	选拔人员、广泛培训、内部流动、就业机会、宽泛工作设计、结果导向评价、奖励和参与	27 个
王虹（2010）	中国 107 家各类企业	结果评估、广泛培训、沟通分享、员工福利、工作团队、雇佣安全、权变薪酬和严格甄选	29 个
苏中兴（2010）	中国 149 家企业	广泛培训、员工竞争流动和纪律管理、信息分享、严格招聘、基于结果的考核、薪酬管理、内部劳动力市场、员工参与管理	28 个

资料来源：本研究整理。

2.2.3　高绩效工作系统的结果变量

对高绩效工作系统结果变量的研究一直是战略人力资源管理领域的焦点和热点。主流的研究基于普遍观探究高绩效工作系统如何作用于结果变量。根据研究层次的不同，高绩效工作系统的结果变量可分为员工层面、团队层面和组织层面。

2.2.3.1　高绩效工作系统的员工层面结果变量

现有研究关于高绩效工作系统对员工层面变量的影响有两种不同的观点：一元论和多元论。一元论倾向于忽视或淡化组织和员工之间的利益冲突，相信组织目标与员工的利益是一致的，管理层和员工将为共同的目标协同工作。因此，加强人力资源管理，可以避免双方之间的任何潜在冲突。多元论承认工作场所冲突的存在，认为组织和员工之间存在不同的利益，组织目标并不总是与员工福祉保持一致（Sparham 和 Sung，2007；Fan 等，2014）。

基于劳动关系一元论，学者们探究了高绩效工作系统对员工的行为和态度产生的积极影响，指出高绩效工作系统可以提高员工的工作绩效、组织公民行为等；它还可以提升员工的工作满意度、组织承诺等（Chang 和 Chen，2011；Jiang 等，2012；程德俊、王蓓蓓，2011；苗仁涛等，2013；杜旌、李难难和龙立荣，2014）。基于劳动关系多元论，学者们关注了高绩效工作系统的“阴暗面”，指出高绩效工作系统会增加员工的工作要求，给员工造成压力、情绪耗竭、工作家庭不平衡等，影响员工健康和幸福感（Castanheira 和 Chambel，2010；臧志、王维镭，2019）。

（1）基于一元论高绩效工作系统对员工行为的影响

高绩效工作系统与员工行为相关的结果变量主要有员工绩效、组织公民行为、反生产行为、创新行为和建言行为等。每个员工个体绩效的提升最终才能带来组织绩效的提升（Lepak 等，2006），因此，探究高绩效工作系统对员工绩效的提升路径就引起了学者们的关注。Chang 和 Chen（2011）将社会交换理论和人力资本理论相结合，以小型专业服务组织为研究对象，探讨了在服务情境中团队层面的高绩效工作系统对员工个人绩效的影响。跨层次分析结果表明，员工的情感承诺和人力资本对团队层次的高绩效工作系统与员工工作绩效之间的关系具有中介作用。张军伟、龙立荣和王桃林（2017）发现，高绩效工作系统正向影响员工工作绩效，员工基于组织的自尊在其中起中介作用。Edgar，Zhang 和 Blaker（2019）以新西兰服务部门 250 名员工为样本，探究高绩效工作系统如何通过 AMO 模型影响员工的任务绩效和周边绩效，发现能力是提高员工工作绩效和周边绩效的有效机制。此外，机会可以作为高绩效工作系统与任务绩效之间关系的中介，但不能解释高绩效工作系统与周边绩效之间的关系。相比之下，动机显著地联结了高绩效工作系统对周边绩效的影响。

程德俊、王蓓蓓（2011）研究发现，高绩效工作系统中介认知信任和情感信任正向影响组织公民行为。苗仁涛等（2013）以中国 21 家中小民营企业为样本，发现高绩效工作系统对员工角色内行为和组织公民行为有正向影响，员工的组织支持感和领导成员交换在其中起部分中介作用。王娟、张喆和范文娜（2018）发现高绩效工作系统通过减少心理契约违背来减少员工的反生产行为。周菲、张传庆（2012）以全国 30 家企业的数据进行实证分析发现，高绩效工作系统正向影响员工的心理资本，并通过提高心理资本对员工工作行为产生正向影响。苗仁涛等（2015）对 39 家企业的研究发现，高绩效工作系统正向影响员工建言，组织支持感在其中起部分中介作用，程序公平氛围和互动公平氛围可以调节高绩效工作系统和组织支持感的关系。

（2）基于一元论高绩效工作系统对员工态度的影响

更多的研究聚焦于高绩效工作系统对员工态度的影响，尤其是对员工幸福感的影响。Huang 等（2016）基于资源保存理论，发现高绩效工作系统在有效提升员工绩效的同时，还可以创造一个更好的工作环境，为员工提供所需的工作资源，从而帮助员工从组织中获得快乐和幸福感。Fan 等（2014）也指出高绩效工作系统可以提高员工的主观幸福感，减少员工的倦怠感，当员工具有较高的基于组织的自尊时，幸福感的增强和工作倦怠的缓解效应更强；当组织内员工之间存在协作关系时，高绩效工作系统对主观幸福感的正面影响也较大。杜旌等（2014）以大型国有银行的配对问卷为样本，发现高绩效工作系统中介员工自我效能感正向影响员工幸福感，可降低情绪耗竭。曹曼等（2019）基于自我决定理论发现，高绩效工作系统正向影响员工幸福感，基本心理需要满足在两者之间起中介作用。孙健敏等（2018）同样基于自我决定理论发现高绩效工作系统与员工幸福感正相关。

部分学者也探讨了高绩效工作系统对工作满意度、组织承诺、工作倦怠等的影响。Xian 等（2019）使用了由 226 名中国铁路行业员工组成的数据，发现高绩效工作系统与信任和工作满意度之间正相关。Takeuchi，Chen 和 Lepak（2009）使用社会信息加工理论（social information processing theory）和组织氛围理论，解释了高绩效工作系统如何作为中介影响组织氛围对员工行为的态度。他们认为高绩效工作系统向员工传递了组织价值观、对员工的支持和关心等信号，构建了关心员工的组织氛围，从而提高了员工的工作满意度和情感承诺。Qiao，Khilji 和 Wang（2009）研究表明，高绩效工作系统正向影响员工的组织承诺。

苗仁涛、周文霞和李天柱（2013）通过对我国 32 家企业的配对数据研究发现，高绩效工作系统中介领导成员交换关系正向影响员工的工作满意度、组织承诺和组织信任，对高互动公平感的员工，领导成员交换关系对高绩效工作系统和组织信任关系的中介效果更强。黄昱方、钱兆慧（2014）的研究表明，高绩效工作系统完全中介积极情绪和工作满意度，正向影响员工敬业度。陈万思、丁珏和费晴（2014）的实证研究也表明，高绩效工作系统通过组织氛围影响员工的工作满意度。颜爱民、胡仁泽和徐婷（2016）基于工作要求—资源模型发现，新生代员工感知的高绩效工作系统通过工作期望正向影响工作满意度，负向影响工作倦怠，程序公平在其中起调节作用。苗仁涛、周文霞和冯喜良（2018）发现，高绩效工作系统正向影响团队创新绩效、工作满意度和工作—生活平衡满意度。李秀凤、孙健敏和林丛丛（2017）发现，高绩效工作系统与员工心理破裂存在显著的负相关关系。Teo，Bentley 和 Nguyen（2019）指出，高绩效工作系统对情感承诺的影响完全由职场霸凌和工作投入作为中介发挥作用。

（3）基于多元论高绩效工作系统对员工态度和行为的影响

在高绩效工作系统对员工的负面影响方面，Castanheira 和 Chambel（2010）基于工作要求—控制模型，提出高绩效工作系统在给予员工高资源的同时，也对员工提出了更高的要求，可能导致员工工作量和工作压力增加，产生员工倦怠、情绪耗竭、工作家庭失衡等不良影响。臧志、王维镭（2019）的研究也表明，高绩效工作系统一方面可以提高员工技能、增强员工和工作的匹配程度，但另一方面也给员工带来更高的工作标准，造成员工角色超载。Su 等（2019）发现，情绪耗竭对高绩效工作系统与幸福感之间的关系起中介作用，工作负荷又可以调节员工情绪的中介影响。也就是说，当工作负荷低时，感知高绩效工作系统可以通过减少员工的情绪耗竭来提高工作幸福感；当工作负荷高时，感知高绩效工作系统不能通过减少员工的情绪耗竭来提高工作幸福感。

2.2.3.2 高绩效工作系统的团队层面结果变量

在团队层面，现有研究主要探讨了高绩效工作系统对团队绩效、团队创造力、团队组织公民行为等的影响（Gong 等，2010；Ma 等，2017；Han 等，2018；Siddique 等，2019）。Aryee 等（2012）基于授权理论，以加纳 2 个银行机构的 37 个分支机构为样本，发现高绩效工作系统与团队授权氛围正相关，且高绩效工作系统会积极影响团队和个体服务绩效，并进一步对团队市场绩效产生影响。Han 等（2018）通过对 44 个组织 179 个团队的多层次数据进行分析，发现高绩效工作系统与变革型领导之间存在正相关关系，且分别受到适应取向和效率取向的正向调节和负向调节。他们的研究结果还支持了变革型领导在高绩效工作系统和团队绩效之间起中介作用，该中介效应随着适应取向和效率取向的变化而变化。Siddique 等（2019）采用巴基斯坦的一家大型银行的 120 家分行数据，发现高绩效工作系统与团队绩效正相关，关系协调在其中起中介作用。

Liu，Zhou 和 Ren（2015）基于社会认知理论，采用跨层次模型探讨高绩效工作系统与团队创造力的关系，发现高绩效工作系统与团队创造力具有正相关关系，团队效能感在二者之间起中介作用。Ma 等（2017）基于 AMO 框架，使用 16 家中国公司的 80 个工作团队的数据，发现团队效能感在能力增强型高绩效工作系统与团队创造力之间起着中介作用，知识共享在激励增强型高绩效工作系统与团队创造力之间起着中介作用。Song，Gu 和 Cooke（2019）以中国 41 个组织中 112 个团队的 668 名员工为样本，发现高绩效工作系统与团队创造力呈正相关关系，参与氛围和共享型领导在其中起中介作用。Gong 等（2010）的研究发现，高绩效工作系统中介集体情感承诺正向影响集体组织公民行为。

2.2.3.3 高绩效工作系统的组织层面结果变量

在组织层面，Jiang 和 Liu（2015）提出高绩效工作系统通过影响组织的社会资本，进而影响组织的人际环境、知识分享和组织创新。但学者们主要还是探究了高绩效工作系统对组织绩效的影响，并基于行为视角、资源视角等探究了高绩效工作系统对组织绩效的作用机制，识别出组织学习能力、组织二元性、组织协调等中介变量（Combs 等，2006；Lepak 等，2006；Cafferkey 和 Dundon，2015）。

（1）高绩效工作系统对组织绩效的作用效果

就作用效果而言，研究普遍认为高绩效工作系统可以帮助企业提高生产率、增加产量、提升财务绩效和非财务绩效（Jiang 等，2012；Liao 等，2009）。但也有学者对此提出异议，Wright 等（2005）以 45 个业务单位为样本，发现在控制过去和当前的绩效后，高绩效工作系统与未来绩效并不相关。苗仁涛等（2013）认为，出现该种不一致的原因一方面是高绩效工作系统对组织绩效影响的作用机制研究的欠缺，另一方面是组织情境的影响。

（2）高绩效工作系统对组织绩效的作用机制

在高绩效工作系统对企业绩效的作用机制方面，Jiang 等（2012）总结，已有的研究主要通过行为视角和人力资本与资源视角，来解释高绩效工作系统与组织绩效之间的作用机制。

从行为视角出发，高绩效工作系统通过影响员工角色行为来影响组织绩效，当员工的行为与组织目标保持一致时，可以帮助组织实现绩效提升。有学者使用社会交换理论来解释高绩效工作系统如何影响员工行为、态度，进而影响组织绩效（Chang 和 Chen，2011；Zhang 等，2019；Kloutsiniotis 和 Mihail，2019）。根据社会交换理论，当员工接收到来自组织的“恩惠”和“善意”时，他们也会愿意对组织做出回报（Blau，1964）。高绩效工作系统所包含的广泛的培训、全面的招聘、信息分享、参与决策、弹性工作制等均向员工传达了组织愿意对他们进行投资，愿与他们建立长久而良好的关系，且他们被组织信任和重视（Liao 等，2009；Kloutsiniotis 和 Mihail，2019）。作为回报，员工会产生与工作相关的积极态度、行为，如工作满意度、组织承诺、忠诚、信任、幸福感、组织公民行为、较低的离职倾向等，进而帮助组织提高绩效和获得竞争优势。

Xi 等（2019）基于人力资源系统强度和信号传递理论，以中国 286 家公司的 286 名人力资源经理、286 名副总裁和 1916 名员工为样本，发现企业高绩效工作系统会影响个人和集体对高绩效工作系统的认知，进而影响个人和组织层面的员工结果变量，包括情感承诺和离职倾向，并最终影响组织绩效。Ismall 等（2019）通过研究发现，员工的创造力在高绩效工作系统与非财务绩效之间具有中介作用，员工的创造力是解释二者关系的合适机制。王晓玲（2009）运用 253 家中国内地企业的数据发现，高绩效工作系统部分中介组织承诺正向影响组织绩效。

从人力资本和资源视角出发，高绩效工作系统可以帮助员工提高知识、技能和能力（KSAs），增加和维护组织的人力资本，帮助组织获得竞争优势，提升组织绩效。在高绩效工作系统中，全面的甄选有助于为每个职位选择合适的人选；经过挑选，广泛的培训可以帮助组织进一步提高员工的人力资本；激励薪酬和员工参与等实践可以引导员工努力完成工作目标，而公平的奖励等可以帮助组织留住员工（Liu 和 Lin，2019）。Liao 等（2009）分三个阶段从多个来源收集数据，涉及 91 家银行分行的 292 名经理、830 名员工和 1 772 名客户，发现了通过员工人力资本和组织支持感的中介作用，高绩效工作系统与个人一般服务绩效呈正相关，通过员工人力资本和心理授权的中介作用，与个人知识密集型服务绩效呈正相关。

Appelbaum 等（2000）构建了 AMO 模型来解释高绩效工作系统对组织绩效的作用机制，他们认为高绩效工作系统通过培养员工工作技能（ability），增加员工的动机（motivation），提供给员工机会（opportunity），来完成组织改善。AMO 模型自提出以来就得到了广泛应用。有学者统计称，超过半数的高绩效工作系统文献中都引用了该模型（Boselie 等，2005；张正堂、李瑞，2015）。Demortier，Delobbe 和 El Akremi（2014）基于对 46 个业务单位的 341 名员工及其主管的调查，发现高绩效工作系统通过员工能力和集体人力资本影响业务单位的绩效，但并未发现高绩效工作系统可以通过动机和机会对业务单位绩效产生影响。Lepak 等（2006）进一步细化了 AMO 模型，认为高绩效工作系统会影响组织氛围，进而影响态度、行为和人力资本等员工属性，最终影响组织绩效。

Combs 等（2006）通过元分析得出高绩效工作系统影响组织绩效的两条相互作用和重叠的路径：第一条路径为给予员工完成任务所需的知识、技能和能力，动机和机会，也就是 AMO 模型；第二条路径是改善组织内部的社会结构，以便于员工们进行沟通和合作。这两条路径共同作用，增加了员工的工作满意度，改善了员工生产率，帮助员工做出正确的决策，最终降低员工的离职率，提高了组织绩效。Evans 和 Davis（2005）也提供了一个理论框架来说明组织内部社会结构是如何作为中介影响高绩效工作系统与组织绩效之间的关系的。他们指出，高绩效工作系统通过促进沟通网络关系、普遍互惠规范、共享心智模型、角色塑造和组织公民行为等，对内部社会结构产生积极影响，进而影响组织绩效。

Camps 和 Luna Arocas（2012）应用结构方程模型对 163 家西班牙公司的样本进行了检验，发现高绩效工作系统对组织绩效的影响是以组织学习能力为中介的。张徽燕等（2015）引入系统的观点，通过实证研究也发现组织学习能力以高绩效工作系统为中介，正向影响企业绩效。Fu 等（2015）基于 120 家中国会计师事务所数据，探讨了组织二元性在高绩效工作系统与组织绩效之间的中介作用，结果显示高绩效工作系统与组织二元性之间存在积极的联系，而组织二元性与组织绩效之间存在非线性关系。Fu 等（2019）使用 98 家中国会计师事务所和 93 家爱尔兰会计师事务所数据，发现高绩效工作系统以组织协调为中介，与企业绩效正相关。

2.2.4 高绩效工作系统的权变因素

基于权变观探索高绩效工作系统的权变因素也逐渐受到关注（Sun，Aryee 和 Law，2007），现有研究主要集中在国家层面、行业层面和组织层面因素对高绩效工作系统采用及作用效果的影响。

2.2.4.1 国家层面因素对高绩效工作系统的权变影响

在国家层面，市场经济类型、劳动力市场、相关的法律及国家文化都会对高绩效工作系统的采用和实施产生影响（Jackson 和 Schuler，1995；Dobbins 和 Democracy，2010）。

Hall 和 Soskice（2001）区分了两类市场经济类型——自由市场经济（LMEs）和协调市场经济（CMEs）。英国、美国和加拿大等国自由市场经济（LMEs）的特征是，经济运行主要依据自由市场原则和股东价值；雇主组织或工人代表组织很少参与国家社会协定来管理宏观经济问题；促进工作场所合作的相关法律法规比较薄弱。而奥地利、比利时、丹麦、芬兰、德国、荷兰、挪威和瑞典等国家的协调市场经济（CMEs）会促进各个团体之间的联系，雇主、雇员及其代表和其他机构之间会有长期的合作关系。在不同市场经济体中，企业高绩效工作系统的采用和实施存在着差别（Dobbins 和 Democracy，2010；Gilman 和 Raby，2013；Farndale，Brewster 和 Poutsma，2014）。一般而言，高附加值、高技能依赖、高生产率的人力资源管理实践往往出现在协调市场经济（CMEs），而低附加值、低技能和价格导向的人力资源管理实践往往出现在自由市场经济（LMEs）（Dobbins 和 Democracy，2010）。在不同市场经济类型体中，员工及工会对高绩效工作系统的态度也有差别，在后面 2.3.1 小节中将详细讨论。

苏中兴（2010）指出，在西方国家，法律法规和工会等规制因素会促使企业选择高绩效工作系统，但中国相对滞后的劳动法律法规和缺乏独立性的工会并未起到相同的作用，当市场劳动力紧缺时，企业会更倾向于采用高绩效工作系统，而中国高权力距离的文化使得员工参与的作用和效果有限。Gilman 和 Raby（2013）对比了英国和法国的中小型企业中高绩效工作系统的有效性，发现两个国家的企业中的高绩效工作系统存在明显差异，英国中小企业采用了更广泛的实践，但法国企业的各项实践有更高程度的整合，并产生了更多的员工参与和员工承诺。

Nadeem 等（2018）回顾和梳理了 140 篇跨文化的高绩效工作系统文献，发现权力距离、集体主义、不确定性回避和自信等国家文化会对高绩效工作系统产生影响。如在高度个人主义的文化中，基于个人表现的奖励更受青睐；员工持股在低权力距离、低不确定性回避和个人主义社会中更容易被接受；员工参与在高权力距离文化中的效果有限等。刘善仕、周巧笑和晁罡（2005）的研究也发现，高绩效工作系统中的员工参与在西方文化背景下充当着非常重要的角色，但在高权力距离的中国情境中，员工参与并未得到广泛的运用。Kim，Wright 和 Su（2010）对以中国为研究情境的文献进行了总结和回顾，发现在具有集体主义文化的转型经济体中，得出高绩效工作系统在中国情境中一定有效的结论为时过早。Fu 等（2019）发现，在中国的高权力距离和集体主义文化中，组织协调在高绩效工作系统与企业绩效之间的中介作用比在爱尔兰的低权力距离和个人主义文化中更强。

2.2.4.2 行业层面因素对高绩效工作系统的权变影响

在行业层面，行业类型、市场增长和产品差异化等都会影响高绩效工作系统的采用和作用效果（Jackson 和 Schuler，1995；Datta 等，2005）。Jackson 和 Schuler（1995）指出，公共行业和非公共行业、被规制行业和非规制行业、较为稳定行业和快速变化行业中高绩效工作系统的实施效果不同。Jackson 和 Schuler（1995）和 Combs 等（2006）均认为，高绩效工作系统在制造业企业中实施效果更佳，在服务业中生产和消费通常是同步进行的，客户在服务中扮演着核心角色，这就给高绩效工作系统的作用效果设定了上限。同时，制造业企业从高绩效工作系统带来的组织灵活性中获益更多，且更依赖高绩效工作系统来获取知识、技能和能力（KSAs）及动机，高绩效工作系统中的一些实践与制造业企业也更加适配。陈万思等（2014）通过实证研究也发现，相较于第二产业，在第三产业中高绩效工作系统对员工工作满意度的影响更强，但关心员工氛围在高绩效工作系统和员工工作满意度之间的中介作用更弱。

2.2.4.3 组织层面因素对高绩效工作系统的权变影响

在组织层面，是否有工会、企业资本密度、企业规模、企业战略、组织结构、企业发展周期、企业科技水平等都是影响高绩效工作的权变因素（Jackson 和 Schuler，1995；苏中兴，2010）。苏中兴（2010）指出，企业规模大、发展成熟的企业更愿意采用高绩效工作系统来提升企业绩效；采用创新战略和差异化战略的企业也倾向于使用高绩效工作系统，而采用成本领先战略的企业更不倾向于使用高投入的人力资源管理系统。曹曼等（2019）发现，组织结构可以调节高绩效工作系统与员工基本心理需要满足之间的关系，还可以进一步对基本心理需要满足在高绩效工作系统与员工幸福感之间的中介作用进行调节。更多的学者讨论了工会对高绩效工作系统作用效果的影响（Jackson 和 Schuler，1995；Chen，2007；Liu 等，2009；Laroche 和 Salesina，2017；Chen 等，2017）。本研究将在后文中单独对工会、企业资本密度与高绩效工作系统的关系进行回顾。

2.2.5 小结

通过对高绩效工作系统的内涵、高绩效工作系统的维度及测量、高绩效工作系统的结果变量及高绩效工作系统权变因素的系统回顾，可以发现对高绩效工作系统的各项研究已非常丰富，但对高绩效工作系统对员工个体的影响的研究仍存在不足，尤其是其对员工工作质量、幸福感等方面的研究尚未得到一致结论。与基于普遍观探究高绩效工作系统的作用效果相比，基于权变观对高绩效工作系统权变因素的研究相对薄弱。

2.3 工会

长期以来，有大量文献对工会进行了研究，而支撑这些文献的主要理论是 Freeman 和 Medoff（1984）提出的工会双角色模型，即工会同时具有垄断面孔和代言人面孔。工会通过罢工和其他方式强迫组织提高员工的工资和福利，这就是工会的垄断面孔。工会还可以将员工的偏好传达给管理者，使得管理者能够更好地发展员工喜欢的工作条件，这是工会的代言人面孔。以工会的双重角色为基础，学者们探究了工会对国家、社会、行业、企业及员工的影响（Freeman 和 Medoff，1984；Kochan，1995；Budd 等，2014；Verm，2017）。结合本书的研究目的，在本节的 2.3.1 和 2.3.2 仅对工会与高绩效工作系统和工会与员工工作质量相关的文献进行梳理。

以欧美国家工会为代表的西方工会经过几百年的发展，已成为一个独立运营、以维护会员利益为目标的团体（王永丽、郑婉玉，2012）。而我国工会直接受党的领导，且主要经费来源是政府补贴和企业资助，因此，维护员工权益并不是中国工会的唯一目标，它们的角色更加多元化（Ge，2007；Budd等，2014）。与其他国家工会是以“自下而上”的方式建立所不同的是，中国的工会大都是依靠行政力量“自上而下”组建，其最高层组织为中华全国总工会，地方工会及基层工会均是中华全国总工会的分会（Liu，2010）。中国各级工会的角色、目标和行为模式之间存在着差异，如中华全国总工会可以通过影响相关法律法规的制定和修改来发挥作用，地方工会可以通过行政力量向企业施压来发挥作用（Ge，2007；Chen，2009；Liu，2010）。鉴于本研究是从企业管理角度，探究企业工会对高绩效工作系统和员工工作质量之间关系的调节作用，因此，仅在 2. 3. 3 小节对中国企业工会的相关研究进行了回顾梳理。

2. 3. 1　工会与高绩效工作系统

工会与高绩效工作系统之间的关系受到了学者们的广泛关注。部分学者认为高绩效工作系统和工会存在一致的利益，工会对高绩效工作系统具有促进作用（Kochan，1995；Rubinstein，2001），但也有学者认为工会对高绩效工作系统是一种阻碍（Liu 等，2009；Shin，2014）。

越来越多的文献表明，在一个工会化的环境中，高绩效工作系统对员工是有利的（Cochrane，Law 和 Piercy，2005）。一方面工会的“垄断面孔”会起到“冲击”效应（the“shock”effect），也就是工会给管理层制造了改变工作规则和改善管理的压力，并可能限制管理层改变管理规则，以减少组织的弹性和资源分配的不平等。另一方面工会具有“代言人面孔”，它与管理层之间的互动是一种沟通过程，可以为管理层提供工人偏好等信息，而这些信息帮助管理层了解哪些人力资源管理实践能提高工人的积极性。根据这种观点，工会的存在可能会对管理层施加压力，使企业采用高绩效工作系统改善管理。与此同时，企业可以利用员工偏好，更有针对性地强调高绩效工作系统中的某些人力资源管理措施，通过 AMO 模式激励员工；同时，高绩效工作系统允许员工根据自己的喜好影响工作的组织和实现方式（Laroche 和 Salesina，2017）。因此，工会对高绩效工作系统具有促进作用。

传统意义上的工会利用集体压力来增强员工的影响，帮助员工获得更高的工资，改善工作环境和职业安全，给予员工话语权，保障工作的稳定性等（Jackson 和 Schuler，1995）。但随着工会率的下降，工会也在寻求自身角色的转变。高绩效工作系统承诺的“共同受益”给工会提供了自我革新的机会，让工会从传统的与雇主对立的角色转变为新的合作关系（Kochan，1995；Liu等，2009）。基于自身角色定位，工会将有选择地支持一些人力资源管理实践帮助员工获益（Machin 和 Wood，2005；Shin，2014），同时也会鼓励员工积极支持，与企业实现双赢（Liu 等，2009）。工会与高绩效工作系统在员工参与和话语权、培训、内部晋升、工作场所安全和健康等方面的做法一致，因此，对这些人力资源管理实践具有促进作用（Cooke，1994；Machin 和 Wood，2005；Verma，2017）。

就员工参与和话语权而言，Cooke（1994）以 841 家制造业企业的数据得出结论，员工参与计划对有工会的企业的绩效贡献远远大于没有工会的企业。Verma（2017）指出，工会提供给员工更多的话语权。Benson（2000）指出，与没有工会的企业相比，工会的存在显著增加了工会会员的发言权机制。没有工会的企业不太可能使用与人力资源管理相关的发言权机制，如质量圈、员工调查、上级—下属会议、高级管理者—员工会议和工作小组等。就培训而言，Kennedy 等（1994）使用 1989 年至 1990 年澳大利亚工作场所劳资关系调查的数据，发现工会在工作场所积极活动对雇主提供的正式培训和外部培训的数量都有积极影响。他们将这一发现归因于工会“迫使”企业增加培训的数量，来改善员工的总体技能发展，并将之作为员工的附加福利。Heyes 和 Stuart（1998）的研究发现工会对工作场所培训和发展具有积极作用。他们还发现工会可以促成员工获得更公平的培训机会。就内部晋升而言，Ng 和 Maki（1994）的研究发现，工会化的工作场所比非工会化的企业更有可能将晋升程序正规化。就工作场所安全和健康而言，Weil（1991）指出，即使工作安全和健康立法同样适用于有工会和没有工会的工作场所，但有工会的工作场所比无工会组织的工作场所更有可能接受劳动监察。

而一些学者认为工会会阻碍高绩效工作系统，因为高绩效工作系统对工会有替代效果，它绕开了集体谈判直接为员工提供了建言机制和平等的待遇，从而减弱了员工对工会的支持（Liu 等，2009）。工会采用集体谈判等方式帮助员工获得更高的工资和福利、话语权和更加公平的工作环境，提高了企业的人力成本，因此，一些雇主会通过工会压制或者工会替代来抵制工会。其中雇主采用工会压制的做法是让工会难以开展活动，压制员工加入工会的愿望，以此来让员工相信加入工会的成本超过福利，使员工不愿意支持工会，是种对员工不友好的方式。而对员工更友好的形式称为工会替换，如企业采用高绩效工作系统，向员工提供良好的工资、附加福利和工作条件以及有趣的工作，并允许他们在如何完成工作方面有重要的发言权，让员工相信他们已经享受到组建工会可以获得的好处，且不需要任何成本（Chen，2007）。工会替代表明二者之间存在内在的紧张关系，高绩效工作系统可能会损害工会的传统角色和权利（Liu 等，2009；Shin，2014）。Liu 等（2009）以爱尔兰 2 004 个企业为样本，发现工会代表越多，企业越不可能采用高绩效工作系统。

Shin（2014）的研究发现，尽管工会可能有选择地支持某些人力资源管理实践，但它们倾向于反对高绩效工作系统。雇主的差异化战略可以缓和工会对高绩效工作系统的负面影响。具体而言，工会通常倾向于限制自由裁量权、与绩效相关的奖励、工作负荷，但这些是人力资源管理的重要组成部分（Laroche 和 Salesina，2017）。工会反对将绩效考核结果用于员工薪酬，它们希望在个人绩效方面采用统一薪酬而不是按业绩计薪（Verma，2017），因为，这可能会扩大工会会员之间的差距，导致不平等加剧。Ng 和 Maki（1994）发现，工会组织与绩效工资、标准工时工资、计件工资、利润分成等激励性报酬计划的发生率呈反比关系。Fang 和 Verma（2002）的调查也发现，与非工会化的工作场所相比，工会化的工作场所不太可能使用个人激励计划。

Liu（2019）从国家性视角探讨了工会和高绩效工作系统之间的关系，通过元分析发现不同类型的市场经济中二者关系是不同的。他指出，在自由市场经济（LMEs）中，工会与企业之间的合作少、矛盾多，劳资双方相互承诺较低，员工对企业的信任也较低，因此，工会对高绩效工作系统这样的新实践的采用和实施都会更加排斥。而在协调市场经济（CMEs）中，工会和企业之间拥有长期、广泛的合作，二者之间关系更加和谐，因此，工会对高绩效工作系统的采用和实施会给予更积极的配合。

2.3.2 工会与员工工作质量

尽管工会历来对雇佣关系的经济方面更为关注，代表员工优先就工资与企业进行讨价还价，但提高员工工作质量也是工会长期关注的问题（Hoque 等，2017；Bryson 等，2017），有研究表明，工会在提高员工工作质量中确实发挥了重要的作用（Kalleberg 等，2000；McGovern 等，2004；Green 等，2013）。

McGovern 等（2004）指出，工会力求通过与雇主进行集体谈判来提高其成员的工资和工作条件，兼职员工或者临时工更有可能因为缺乏工会代表而拥有较差的工作质量。Hoque 等（2017）总结称，工会可以通过集体发声影响员工工作质量，工会可以通过非正式的沟通渠道或集体协商过程来表达其成员对工作质量的关注，引起管理层对工作质量的注意。管理层随后将做出反应，在企业内部做出改变，来寻求解决和员工工会质量相关的问题。

但工会影响员工工作质量的方式只有在企业能够听到集体声音的表达，且愿意或被迫做出明确回应的情况下才能生效。而这反过来又取决于工会参与决策的范围及其谈判实力，当工会拥有相应的制度支持和议价能力较强时，工会向企业施加压力以提高工作质量的力量就较大。Holman（2013）在对研究呼叫中心和欧洲工作条件调查时发现，数据表明，工会确实可以对工作质量产生积极影响，但这种情况更有可能发生在工会有足够权力影响企业决策的国家，如丹麦和瑞典等。Green 等（2013）也指出，在协调的市场经济中，由于工会的力量较大，员工工作质量水平较高。

相比之下，在工会力量薄弱、缺乏对工会声音制度支持的国家，工会在积极影响工作质量方面的成功率明显较低（Hoque 等，2017）。Green 等（2016）指出，自 20 世纪 80 年代以来，随着工会成员数量和知名度的长期下降，工会影响工资的能力已明显下降。与非工会工作场所的类似工作相比，工会对工资的影响在所有部门和私营部门几乎为零。此外，在 1986 年至 2012 年期间，工会化的工作场所的工作强度和不安全感更强。Bryson 等（2017）指出，在像英国这样的国家的市场就业制度中，工会很少参与公司内部的决策，它们的目标通常也不包括工作质量的提高。且员工与企业之间的标准劳动合同具有很高的拥有属性灵活性，英国的企业在雇佣和解雇员工方面比其他许多欧洲国家有更大的灵活性，工会影响雇佣条件的权力较小。因此，工会的议价能力并不太可能导致英国员工工作质量的提高。

除此之外，Carter 等（2012）认为，即使工会的集体发声确实起到了效果，也并不能涵盖工作质量的所有方面。因为一些固有的工作特征，如工作是否有趣、能否善用个人技能、减少工作压力等可能会受到更高级别因素的影响，而工会对此影响有限。Mustosmäki 等（2017）则认为工会等机构无法使员工远离工作的消极趋势。

也有学者认为工会可能会给员工工作质量带来负面影响，这是因为工会可能会让成员期望在工作质量方面有更高的标准，因此，他们在对自己的工作做出主观判断时，可能会采用比未加入工会的员工更严格的标准（Hoque 等，2017）。此外，工会还可能提高员工对其工作的消极方面的认识，如强调缺乏参与决策、培训和技能发展有限、工作保障不足、工作压力等，以便让员工产生不满情绪，从而加强集体行动的基础（Bryson 和 Freeman，2013；Hoque 等，2017）。而员工的不满和更加敌对的劳资关系氛围可能导致企业引入其他工作系统，以寻求对工作流程更大的控制。这反过来可能会减少员工的工作自主权和自由裁量权，从而对工作质量产生负面影响（Hammer 和 Avgar，2017）。

2.3.3 中国企业工会

2.3.3.1 中国企业工会的角色、职能及行动模式

在计划经济时代，我国几乎所有的企业都是国有企业。企业中员工的工资由政府制定，且为终身雇佣制，国家公民是这些国有企业的所有者，因此员工与企业之间利益是一致的，并不存在冲突。但工会却存在于所有国有企业中，它由中国共产党领导，工会领导由党任命。此时工会的主要角色是帮助政府维持社会和政治稳定，并充当工人俱乐部的角色，组织社会活动和娱乐项目，促进员工福利等（Lu，Tao 和 Wang，2010；Budd 等，2014）。

改革开放后，随着一些国有企业的改制及私营企业和跨国公司的大规模进入，非国有企业在中国经济中的份额急剧增加，雇佣关系变得更加以市场为导向，企业和员工之间的关系发生了根本性变化，企业可能会以员工利益为代价追求利润最大化，双方出现了利益冲突，企业工会的角色也发生了变化（Ge，2007；Lu 等，2010）。众多学者对中国企业工会的角色进行了探讨（Lu 等，2010；胡恩华、张毛龙和单红梅，2016；陈维政等，2016），总体而言可以分为双角色说、三角色说和多角色说。

就双角色说而言，Lu 等（2010）认为，企业工会扮演着混合角色，既有促进和谐的传统角色也有代表工人利益的新角色。胡恩华等（2019）认为，企业工会是员工权益的维护者，也是企业生产秩序的维护者。王永丽、郑婉玉（2012）通过实证检验印证了中国企业工会扮演着员工权益维护者和企业稳定发展促进者的双重角色。靳卫东、崔亚东（2019）指出，在以经济建设为中心的特定时期，工会经常表现为企业利益的协同者，但目前中国企业工会的角色已经发生了转变，逐步回归其维护员工权益的角色。

就三角色说而言，孙中伟、贺霞旭（2012）指出，企业工会具有三重角色，一是它的政治职能要求其扮演维护社会稳定的角色；二是它的本职角色，即维护员工的合法权益；三是它的经济依附性决定它要帮助企业维护生产秩序。单红梅、胡恩华和黄凰（2014），魏下海、董志强和金钊（2015），及陈维政等（2016）也同样将我国企业工会的角色归纳成为政府维稳、为企业维序和为员工维权三个角色。陈维政等（2016）还指出，中国企业工会存在着组织层面和个体层面的角色冲突，前者指维权与维稳和维序之间的冲突，后者指工会干部因兼任行政管理职务而陷入双重身份之间的冲突。企业工会的角色冲突对工会职能作用的发挥会产生负面影响。

就多角色说而言，徐小洪（2010）认为，中国工会既是劳动者的集体代表者和维护者，也是劳动关系的协调者、中介者和调解者。胡恩华等（2016）

运用扎根理论方法对 1 853 篇工会动态报道进行了分析，发现中国工会除了维护员工权益、支持员工发声的角色外，还扮演着关心员工生活、促进员工发展等提供福利的角色。

2.3.3.2 中国企业工会发挥作用的机制

依据《工会法》，我国企业工会发挥作用的机制主要有集体谈判、集体合同和意见表达三种方式。集体谈判是指雇员与一个或几个雇主通过谈判和签订集体合同确定劳动条件和劳动标准、劳动关系等内容的过程（于桂兰和于楠，2011）；集体合同是指企业和全体员工签订书面劳动合同，通过集体合同的签订将劳动关系主体从个体和企业转变成工会和企业；意见表达是指工会在听取员工的意见反馈后，代表员工利益参与企业民主决策，保护员工权益（孙中伟、贺霞旭，2012）。但一些学者指出，实际上中国企业工会发挥作用的机制并非如此（Ge，2007）。

Ge（2007）的实证研究发现，中国企业工会确实能代表员工与管理层进行集体协商、签订集体合同，然而集体合同内容仅包括了法律规定的最低就业条件等，为员工提供的其他福利很少。孙中伟、贺霞旭（2012）通过实证研究总结道，中国企业工会对员工权益的保护并非通过集体谈判、集体合同和意见表达三种机制，而是通过“稻草人机制”。企业工会就如同具有象征意义但并无实际威力的稻草人，虽然不开展集体谈判和集体合同，但只要它开展一些文化娱乐和慰问活动宣示自身的存在，就能起到一些威慑作用，并以此来保护员工权益，协调和兼顾政府、企业和员工三方的利益。

中华全国总工会及其地方总部在制度上被纳入了政府机构，其下属的基层工会都隶属于同一级别的管理层或党组织（Chen，2009），因此，中国的工会具有鲜明的行政建制特征。一些学者认为，工会的行政建制使它的首要任务变成了履行上级交代的工作，弱化了对员工权益的维护。如胡恩华等（2016）指出，与上级工会相比，企业工会是最直接参与到劳动关系协调和纠纷处理中的，但独立性和谈判力却最弱，它们的工作更多的是完成上级工会安排的任务，很难真正代表员工的切身利益。Chen（2009）指出，与其他级别工会不同，企业工会并没有获得相应的政府地位、权威和资源，且由于工会干部大都由管理层认命，企业工会还从属于管理层。这种从属关系产生了三种工会的行为模式：第一种为“空壳工会”，在许多私营企业和外企企业中，工会只起到装饰作用，甚至不能以政府期望的方式发挥作用；第二种为守旧模式，即工会仍像改革开放前那样，仅仅在福利和娱乐方面发挥作用；第三种为与管理层串通，许多企业的工会主席同时是管理层的关键成员，因此在发生劳动争议中会代表管理层利益而非员工利益。

而另一些学者认为，工会在党政系统中的合法地位，可以使其获得“自上至下”授予的权威，帮助其实现任务目标。魏下海、董志强和金钊（2015）总结出工会可依赖集体发声和党政发声两条途径来发挥作用。前者是通过签订并实施集体合同直接影响企业雇佣，后者是通过与基层党组织的协同作用，引发党政关注，间接影响企业雇佣。Ge（2014）指出，企业工会在党的行政权力的支持下，能够向企业施加压力，减少企业对员工的剥削，提高员工的工资和非工资补偿。

徐世勇等（2014）对大连一家日本独资制造业企业罢工事件进行了案例研究，发现在此案例中，地方政府通过增加工人在谈判中的力量为工人们争取到了利益。地方政府一方面通过自身政治影响力提高地方工会的地位，另一方面利用地方工会的力量在企业中发展企业工会，而后企业工会就工人工资问题直接与资方进行谈判；当企业工会无法完成使命时，地方工会就会直接与资方谈判，地方政府与地方工会之间存在委托代理关系。

靳卫东、崔亚东（2019）指出，行政建制能够推动工会工作模式和组建方式的改变，进而推动工会职能的转变。具体而言，随着党和政府的工作重心从经济增长向民生问题转移，工会的经济建设任务逐步被淡化，维护员工权益的任务被强调，企业工会的工作模式发生了改变；同时，通过一系列政策改革和工作要求，企业工会的组建方式发生了变化，工会的自主性和代表性得到了提高，企业经营者对工会的控制得到了抑制。工作模式和组建方式的调整，推动了企业工会职能的转变，使其成为员工权益的维护者。

学者们还指出了中国企业工会发挥作用的其他路径。Chen 等（2017）认为，中国企业工会通过家长式或社会性的福利活动，让员工感知到雇主是富有“人情味”的，且工会提供了员工之间互动的机会，增加了他们对企业的依恋和承诺，加强了企业的社会凝聚力和组织内嵌性。李龙、宋月萍（2017）通过实证研究检验了工会的合同保护效应和培训促进效应，提出工会通过提高劳动合同签订率和提供职业培训机会带动了农民工工资增长。Ge（2007）指出，中国工会拥有“党政代言人”面孔，它从属于政府和党，国家和党可以通过它接触到大多数工人，工会发挥着“传送带”的作用；它还拥有“集体代言人”的面孔和重要的福利功能，通过受理员工的投诉，调解劳动争议，监督劳动法的实施，为员工提供各种服务和福利等，来促进技术创新和员工培训，参与公司治理和政策制定。

王永丽、郑婉玉（2012）指出我国工会并不以维权作为单一的目标驱动，且其不具有清晰的团队边界，这些特征决定了它具备嵌入型团队的特征，意味着企业工会需要跨越部门和组织边界，同时与政府、企业和员工等利益相关者展开有效的竞合活动，通过跨界行为履行并实现劳资双方共赢。他们还指出，工会为了实现维权、建设、参与和教育四方面的职能，会采取使节行为、任务协调和跨界搜索三类跨界行为。其中，使节行为是指通过说服利益相关者，保护工会的正常运作并获取更多资源和帮助；任务协调是指企业工会与政府、企业的其他部门或外部工会组织合作，通过协调工作、共享信息知识及获得反馈等方式发挥自身的职能；跨界搜索是指从外部获得信息、专业知识和技术支持，促进工会核心职能的实现。

陈维政等（2016）参照《工会法》等法律法规，结合已有文献，将工会的职能总结为帮扶职工、协调劳资关系、参与民主管理、培训教育和自身组织建设5个方面。他们通过质性研究发现，工会在组织文体活动、关心职工和解决困难方面作用较大，但在参与民主管理和帮助员工维权方面仍有待改进。

工会实践是工会实施的一系列管理活动（胡恩华等，2019）。胡恩华等（2016）对以往文献进行了补充，识别出维护行为、关怀行为、提升行为、参与行为和建设行为五个中国工会实践的维度，认为工会在保护员工最基本的权益外，能为员工提供额外的生活、健康、文化和发展等方面的关怀和服务，还能使用各种方式提高员工技能水平和积极性，组织和激励员工更好地工作。

2.3.3.3　中国企业工会的作用效果

中国企业工会自主性和独立性的不足，使其遭受到“空壳工会”和“依附型工会”的质疑（Chen，2009），一些学者基于实证数据，检验了中国企业工会对员工工资、奖金、社会保险参保、劳动合同签订、劳动强度等的影响，及企业法对企业绩效的影响（Lu等，2010；Yao和Zhong，2013；Budd等，2014；Fang，Ge和Fan，2019；孙中伟、贺霞旭，2012；魏下海、董志强和金钊，2015）。

企业工会对员工工资和奖金的影响是学者们研究的重点，但现有研究结论并不一致。Lu等（2010）对我国民营企业中工会的作用进行了实证检验，发现工会并不能显著提升员工的工资和奖金，但对员工的医疗保险、养老金、失业保险、工伤保险、生育保险和住房补贴等福利有积极影响，且对劳动生产率也有积极影响。Budd等（2014）通过对省级面板数据进行分析，得出中国企业工会不独立于企业和政府，因此并不能大幅提高员工工资；但工会与生产率和总经济产出之间存在正相关关系。他们还发现有工会的私营企业更有可能与员工签订单独或者集体的正式劳动合同，从而使劳动关系更加和谐。魏下海、董志强和黄玖立（2013）使用2010年全国民营企业调查数据，发现工会可以显著提高企业工资率和劳动生产率，但后者升幅更大，劳动收入份额反而会下降。易定红、袁青川（2015）使用 2008 年中国社会综合调查数据对中国工会的工资溢价进行了分析，发现工会对工资并没有显著的直接影响。

但 Ge（2007）通过实证研究发现，中国企业工会与员工平均工资、福利水平、生产力、研发投资和人力资本投资呈正相关关系，但与企业盈利能力呈负相关关系。Yao 和 Zhong（2013）对 12 个城市的 1 268 家企业进行了调查，发现企业工会与较高的小时工资和较大的养老金覆盖面有着显著的联系，与较低工作时间有着微弱的联系；工会还能促进个人和集体合同的签订，且对员工的福利有影响。Ge（2014）利用企业人口水平数据，发现中国企业工会能够显著提高员工的工资和非工资补偿，增加员工培训。

孙中伟、贺霞旭（2012）通过对珠三角和长三角 19 个城市的外来工进行问卷调查，发现企业工会对外来工的最低工资符合率、强迫劳动和社会保险等“底线型权益”具有显著的保护作用，但对工资增长等“增长型权益”并没有保障作用。他们还指出，中国的企业工会具有“溢出效应”，不仅可以保障会员的权益，也可以保障非会员权益。李明、徐建炜（2014）基于约 24 万雇员和雇主匹配数据，发现工会能够提高员工的工资率，降低工作时间；在国有企业中，员工主要在工资率方面受益，在非国有企业中，员工主要在工作时间上受益；中等技能员工在工作率方面受益最大，低技能员工在工作时间上受益最大。李龙、宋月萍（2017）使用 2013 年流动人口动态监测数据发现，加入工会能显著地提升农民工工资，且与城镇职工相比，农民工加入工会获得的工资改善更加明显。靳卫东、崔亚东（2019）使用 2014 年和 2016 年中国劳动力动态调查数据库数据，得到在组建工会的企业中，无论是否加入工会，员工的工资收入、工作强度、签订劳动合同和加入社会保障等权益都维护得更好。

在企业工会的其他作用效果研究方面，魏下海、董志强和金钊（2015）利用 2012 年全国民营企业抽样调查数据，得到工会对企业雇佣期限结构具有改善作用，它可以显著地增加企业长期雇佣占比，减少短期雇佣和临时雇佣占比，促进雇佣关系的稳定性。张宏宇、周燕华和张建君（2014）对 1 724 名农民工进行了问卷调查，发现工会可以为农民工提供社会支持，并以此缓解他们的疲惫感。单红梅、胡恩华和黄凰（2014）以 433 名非国有企业员工为样本，得到工会实践的参与、教育和维护职能与企业绩效正向相关，建设职能与企业绩效之间的关系并不显著；工会实践与积极劳资关系氛围正向相关，与消极劳资关系氛围负向相关。单红梅等（2017）基于对 433 名非公企业工会成员的问卷调查，发现工会变革型领导与工会公民行为正向相关，工会实践的教育、建设和参与3个职能在工会变革型领导和工会公民行为之间起中介作用，维护职能中介效果不显著。胡恩华等（2019）以46家企业368名员工为样本，发现工会实践中介心理安全感、建言效能感和建设性变革责任感对员工建言产生正向影响。

工会也可以对企业绩效产生影响。王永丽、郑婉玉（2012）以广东省的1 050家非公有制企业为研究对象，发现工会跨界职能履行能显著地改善企业绩效，同时也能提高员工情感承诺和工作满意度。Fang，Ge和Fan（2019）利用中国制造业跨国公司的经济普查数据，发现企业工会通过参与广泛的决策和生产相关活动，具有显著的“集体声音”效应，跨国公司中的中国工会与企业生产力正相关。他们还发现，在跨国公司中工会对生产率产生的效应，比国内私营公司的工会更强，而且工会的效力在技能密集型行业更为显著。

2.3.4 小结

通过对工会与高绩效工作系统、工会与员工工作质量及中国企业工会的相关研究进行梳理回顾，发现已有研究对工会与高绩效工作系统的研究主要集中在工会对高绩效工作系统采用和实施效果的影响，及高绩效工作系统对工会的替代或协调作用上，鲜有研究探讨工会在高绩效工作系统与员工层面变量之间关系的调节作用。工会与员工工作质量的研究集中在工会对员工工作质量的直接影响上，且并未得到一致结论，鲜有研究探讨工会作为调节变量对员工工作质量的间接影响。对中国企业工会的研究大都集中在其角色、发挥作用的机制及作用效果上。虽然学者们探讨了企业工会对员工工资、工作时间、劳动合同签订的影响，但鲜有研究讨论中国企业工会作为情境变量对员工工作质量的间接影响。

2.4 资本密度

资本密度在管理学和经济学文献中占有重要地位（Arai，2003；Datta等，2005；Ardyansah，2014），现有研究探讨了资本密度与企业财务绩效、企业杠杆率、企业财务困境、企业进入壁垒、企业研发投入和企业对外投资决策等与财务相关因素的关系（Lee和Xiao，2011；Lee，Koh和Kang，2011；Takahashi，Mashiyama和Sakagami，2012；严兵、张禹和韩剑，2014；康华、扈文秀和吴祖光，2016），鉴于本研究探讨资本密度对高绩效工作系统与员工工作质量之间关系的调节作用，在本小节仅对与高绩效工作系统和员工工作质量相关的资本密度文献进行回顾。

在现有文献中，鲜有研究探讨企业资本密度与员工工作质量之间的关系，但有学者探讨了资本密度对员工工资的影响。Arai（2003）指出资本密度与员工的工资正相关，随着劳动力成本对资本成本相对重要性的降低，劳动力成本仅占企业成本的一小部分，因此企业对员工的高工资要求并不那么抵制，更有可能提高员工工资。较高的资本密度可被视为需要更多的固定成本，行业进入壁垒较高，这就导致了市场集中度较高，企业可获得的利润也就更高，企业更有能力提高员工的工资。Kaufman 和 Miller（2011）认为，在高资本密度的企业中，生产技术更加的复杂，员工之间更需要依靠团队形式进行生产，且留给员工更多的自由支配余地，而复杂的技术会使得员工的选拔变得更加困难和重要，过高的员工流动率会给企业带来更高的成本，因此企业会乐于向员工投资；生产中任务的依赖性增加了员工之间的合作，而工作中更大的自由空间可以提高员工的承诺和士气，这些均会对员工的工作质量产生一定的影响。

已有学者探讨了企业资本密度对高绩效工作系统的采用和实施的影响（Datta 等，2005；Huselid 等，1997），却并未得到一致结论。Datta 等（2005）研究表明，随着资本密度的降低，人的因素在生产中就会变得更加不可或缺，因此在低资本密度的行业中，高绩效工作系统帮助员工提高技能和承诺后，对组织绩效的提升更加明显。高市场增长的企业拥有更多的创新机会和决策自由，采用高绩效工作系统可以帮这些企业获得更多的利益。随着企业资本密度的增长，产业差异化会调节高绩效工作系统与企业生产率之间的关系。在差异化程度较高的行业中，企业需要更频繁地更新生产和组织流程来满足不断变化的市场和客户偏好。因此，员工的工作往往更加复杂和多样化，需要更广泛的技能组合以及在更具挑战性和变化多端的环境中取得成功的能力和意愿，而此时高绩效工作系统就可以更好地发挥效果。

Huselid 等（1997）依据标准经济理论预测当人力资本与更多的物质资本和技术相匹配时，劳动生产率将会提高，提出在其他条件相同的情况下，更密集的资本和设备投资意味着对企业高绩效工作系统的投资高度“杠杆化”，即通过高绩效工作系统对工作系统的任何改进，都可能对资本密集高的公司产生更大的财务影响。苏中兴（2010）认为，在劳动密集型产业中对员工技能的要求相对较低，传统的以控制为导向的人力资源管理方式可能更有效。

综上所述，现有研究对企业资本密度是否以及如何影响员工工作质量并未进行深入探究，且对企业资本密度与高绩效工作系统关系的研究也仅限于其对高绩效工作系统采用及实施的影响，鲜有研究讨论企业资本密度对高绩效工作系统与员工个体层面变量之间关系的调节作用。

第3章 中国情境下企业员工工作质量量表开发

本章从中国情境下企业员工工作质量量表开发的缘起出发，详细介绍了基于扎根理论编码的员工工作质量概念模型构建，以及员工工作质量测量模型的构建，最后对本章的分析结果进行了总结与讨论。本章为后续高绩效工作系统对员工工作质量的影响研究提供了员工工作质量的操作化定义和测量量表，是第4章的基础。

3.1 中国情境下企业员工工作质量量表开发的缘起

工作是嵌入在社会经济和文化中的，测量员工工作质量需要考虑文化的特殊性（Cazes等，2015），在一个国家被员工高度看重的工作特征在另一个国家可能并不重要（Jones等，2014）。现有的员工工作质量量表大都是以发达国家为背景开发，并不完全适合发展中国家使用。而基于中国情境开发的员工工作质量量表又大都针对农民工和大学毕业生两大群体，量表的普适性值得商榷。因此，本章将参考学者们对员工工作质量量表开发的建议，试图在中国情境中，开发面向员工个体的员工工作质量量表，以响应Munoz de Bustillo等（2011）对不同国家员工工作质量测量工具开发的呼吁。

Farh等（2006）依据量表的测量来源和对文化特殊性的预期，将中国管理学研究中的量表使用分为了直接翻译取向、修改取向、去情景化取向和情景化取向。其中，直接翻译取向是直接将国外成熟量表翻译为中文，它强调文化的通用性；修改取向则是对国外量表进行本土化修订，使其适应中国研究情境；去情景化取向是在中国管理学研究中开发适用于多种文化背景的量表；情景化取向是开发出高度适配于中国情境的量表。而在第2章中，通过文献综述，本研究已经明确员工工作质量受到社会背景、制度环境等情境因素的影响，所以我们将采用情景化取向对工作质量量表进行开发。

依据梁建、刘芳舟和樊景立（2017）的建议，在采取情景化取向时，使用“自下而上”的归纳法可以为测量题目提供丰富的描述。参考“*Journal of Organizational Behavior*”和《管理世界》等权威期刊中Zheng等（2015）和杨静、王重鸣（2013）等学者基于扎根理论进行量表开发的论文，本研究也采用扎根理论取向进行了量表开发。扎根理论是采用自下而上的研究路线，通过系统化的归纳分析程序，在经验资料基础上寻找与研究问题相关的核心概念，从而构建严谨、科学理论的过程（陈向明，1999；Glaser 和 Strauss，1967）。它是一套完整和独立的研究方法论，包含阅读和使用文献、从不断涌现的数据中自然呈现出研究问题、对现实存在但不容易被注意到的行为模式进行概念化和社会分析过程等内容（费小冬，2008），而本研究仅仅使用扎根理论的编码程序，构建中国情境下企业员工工作质量概念模型，为后续量表开发提供依据。

3.2 基于扎根理论编码的企业员工工作质量概念模型构建

在现有的关于量表开发文献中，Zheng 等（2015）在研究员工幸福感的测量时采用扎根理论取向构建了初始量表；杨静、王重鸣（2013）同样使用扎根理论方法构建了女性创业型领导的概念模型，并进一步开发了女性创业型领导的测量量表。参考已有的文献，本研究同样选取了扎根理论取向进行员工工作质量概念模型的构建。

3.2.1 扎根理论方法概述

1967 年，Glaser 和 Strauss 的著作《扎根理论的发现》（*The Discovery of Grounded Theory*）的出版宣告了扎根理论的诞生。扎根理论的目的是在理论研究与实证研究之间架起一座相互连接的方法桥梁，其主要宗旨是以自下而上的研究路线，通过系统化的归纳分析程序，在经验资料基础上寻找与研究问题相关的核心概念，从而构建严谨、科学理论的过程。然而，扎根理论并不主张在研究初始便提出既定的假设，强调应直接从原始资料入手，结构化概念或概念间的联系层次，然后再上升到理论，进而产生相应的结论与命题（Glaser 和 Strauss，1967；陈向明，1999）。

随着理论自身的发展，扎根理论形成了众多既有联系又不完全相同的流派，影响较为深远的有 3 个流派，分别是 Glaser 和 Strauss（1967）最初提出的扎根理论原始版本（original version），即经典扎根理论（classical grounded theory）；Corbin 和 Strauss（1990）的程序化版本（proceduralised version）和 Charmaz（1995）的建构型扎根理论（constructivist's approach to grounded theory）。经典扎根理论认为“一切皆是数据”，强调通过对数据与数据、概念与概念、范畴与范畴之间的不断比较来形成理论；程序化扎根理论则主张采取正式、规范的范式进行数据分析；建构型扎根理论强调数据是由采访者和被访者双方互动解释构成的。3个流派的差异也体现在编码过程上，经典扎根理论的编码过程分为实质性编码和理论性编码2个步骤；程序化扎根理论的编码过程分为开放性编码、主轴编码和选择性编码3个步骤；建构型扎根理论的编码过程分为初始编码、聚焦编码、轴心编码和理论编码4个步骤。至今为止，使用最为广泛的是程序化扎根理论方法，但它却被学者们质疑太过程式化和公式化（费小冬，2008）。贾旭东、谭新辉（2010）指出，扎根理论最核心的理念是避免先入为主和主观的假定，强调自然涌现的过程，经典扎根理论才是最具有“扎根精神”的流派。本研究将采用经典扎根理论编码程序进行员工工作质量模型构建。

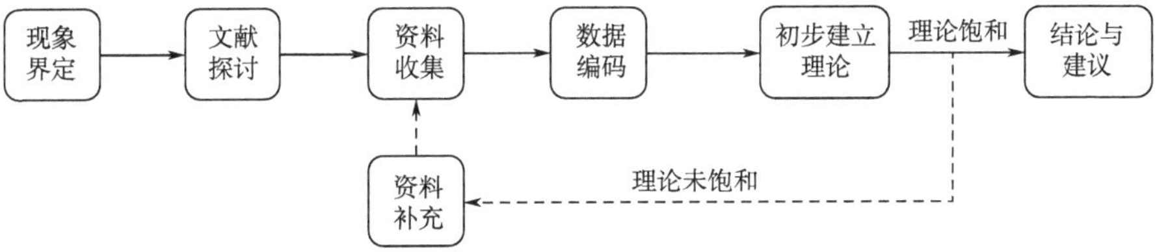

图3.1　扎根理论研究操作流程①

扎根理论研究操作流程如图3.1所示，需要注意的是：扎根理论资料收集的取样方法为目的性抽样和理论性抽样，即依照研究目的抽取出可以为问题提供最大信息量、足够典型性的样本（Glaser 和 Strauss，1967）。而经典扎根理论的编码过程为实质性编码和理论性编码两个阶段，其中前者又分为开放性编码和选择性编码。开放性编码是将数据进行逐行编码、逐层概念化和抽象化，并不断进行比较，把抽象出的概念打破、揉碎并重新组合。在此过程中，研究者必须保持开放的态度。选择性编码是在出现核心范畴后，仅对与核心范畴相关的数据进行编码的过程。其中核心范畴是指频繁出现，易于与其他变量产生有意义联系，且能够解释大部分研究对象行为模式的范畴，它是在编码过程中自然涌现的（贾旭东、谭新辉，2010）。当额外获取的数据也不能使研究者抽取出新的范畴时，我们就可以判定达到了理论性饱和（费小冬，2008）。当理论达到饱和后，研究就进入了理论性编码阶段，即对已形成的概念或范畴进行组织整合以构建理论（贾旭东、谭新辉，2010）。

在实际研究中，扎根理论等质性研究是个费力费时的工作，自20世纪80

---

① 资料来源：李志刚，李兴旺．蒙牛公司快速成长模式及其影响因素研究——扎根理论研究方法的运用［J］．管理科学，2006（6）：2-7.

年代初期，就有学者尝试使用电脑软件来辅助进行质性研究的资料搜集和整理工作。经过多年的发展，已有多款性质的分析软件被开发出来，而目前较为常用的三款分别是 ATLAS. ti，NVivo 和 MAXQDA。这三款软件各有优劣，本研究采用较容易操作的 Nvivo 11 软件来提高编码效率。

NVivo 11 是由澳大利亚 QSR 公司开发的一款功能强大的质性分析软件，它可以帮助研究者对文本资料和语音资料进行编码、搜寻、建立理论和逻辑关系等。NVivo 11 提供不同类型的节点来容纳不同的想法和概念，节点就类似于扎根理论中的编码和范畴，是从数据资料中提取、分类和概括得来的。其中，自由节点可以在开放性编码阶段容纳“散漫”的想法，随着分析的深入，这些自由节点就可能被移入树状节点。树状节点是属于树状结构的节点，研究中可以借由它建立节点间的从属关系（郭玉霞，2009）。需要注意的是，NVivo 软件仅仅可以帮助管理和查找数据，无法取代研究者的分析编码过程。

3.2.2 研究对象、资料收集与样本描述

依据目的性取样和理论性取样原则，本研究依托国家社会科学基金重点项目“我国企业劳动关系和谐指数构建与应用研究”（12AJY001），于 2013 年 6 月至 11 月间，先后在长春、北京、武汉、广州和珠海的 21 家企业中进行了访谈，其中 10 家企业采用焦点小组法，其余 11 家企业采用深度访谈法。焦点小组法进行了 10 场，每场访谈人数为 2 至 4 人，包括一线员工、技术人员、工会员工、人力资源部门员工等，具体样本统计见表 3.1。深度访谈共访谈 28 人，包括一线员工、管理人员、技术人员，具体样本描述见表 3.2。访谈采用半结构化方式。访谈问题包括“您所理解的好工作是什么？”“您在工作中最在乎什么？”“什么会影响您对自己工作感受？”在访谈过程中，我们还注意捕捉与工作质量相关的员工表情、态度及行为等因素，以便获取更多的信息，更准确地构建工作质量测量题项池。

表 3.1　10 家企业的焦点小组访谈样本描述性统计

编号	成员人数	成员职务	企业所在地	企业所在行业	企业性质
1	4	一线员工	珠海	制造业	外资企业
2	3	工会主席；工会干部；一线工人	珠海	制造业	国有企业
3	2	一线员工	长春	制造业	私营企业
4	4	人力资源经理；生产经理；技术人员；一线员工	长春	制造业	私营企业
5	2	经理；员工	长春	制造业	私营企业

续表

编号	成员人数	成员职务	企业所在地	企业所在行业	企业性质
6	4	生产厂长；人力资源主管；综合部门主管；一线员工	长春	制造业	私营企业
7	2	技术人员；一线员工	长春	制造业	私营企业
8	3	人力资源经理；采购主管；质检员	长春	制造业	外资企业
9	2	一线员工	武汉	建筑业	私营企业
10	2	人力资源经理；人力资源经理助理	广州	制造业	私营企业

表 3.2　11 家企业的深度访谈样本描述性统计

变量特征	频数	百分比（%）	变量特征	频数	百分比（%）
性别			职务类型		
男	20	71.4	管理人员	16	57.4
女	8	28.6	技术人员	3	10.7
企业性质			一线员工	9	32.1
外资企业	4	14.3	所属行业		
国有企业	10	35.7	制造业	25	89.3
私营企业	14	50.0	服务业	3	10.7

最终通过访谈我们获得了 38 个访谈文本，其中深度访谈文本 28 个，小组访谈文本 10 个。对文本从 1 号到 38 号进行编码，使用在线抽奖软件（网址为 https：//choujiang.51240.com）抽取了 28 个号码，将其对应的 28 个访谈文本进行编码分析，其余的 10 个号码对应的访谈文本用来进行饱和度检验。

3.2.3　扎根理论编码过程

3.2.3.1　开放性编码

在开放性编码阶段，本研究对访谈文本进行了逐行、逐事件编码，分析提取相应概念，并尽可能使用了被访谈者自己表达的独特词语——鲜活代码（杨静、王重鸣，2013），作为反映员工对什么构成工作质量的感知。

通过对随机选择的 28 个访谈文本进行反复整理和分析，摒弃研究界的“定界”和个人的“偏见”，围绕主题“工作质量”对数据资料中有意义的语句编码为自由节点，本研究最终获得了 351 个自由节点。这些自由节点大都具体而散乱，涉及了工作的方方面面，需要对其进一步进行聚拢。本研究对自由节点进行反复的分析对比和整理，不断将概念提升和抽象化，删除了明显与工作质量无关的节点，最终获得了 104 个初始概念。由于篇幅所限和对学术伦理的考虑，本研究在表3.3中展示了对编号1（女性，管理人员；国有企业，服务业）的文本资料的开放性编码过程，在表3.4中截取了其余访谈文本的编码过程进行示例。

表3.3　访谈编号1的开放性编码示例

原始资料	开放性编码
	初始概念
问：员工到企业工作，主要关心什么？ 答：员工比较关心工资、能不能提高自我、上级领导好不好，工作前景好不好等。 我有个学设计的同学，刚到北京工作时，不知道北京的行情，工资没有跟公司谈，五险一金也没问有没有，就去了。去后才发现，不仅收入比同行低，她的直接领导设计水平不如她，还天天对她指手画脚。她干了一段儿，就走了。 再找另一家公司时，她就跟人家谈，给我什么职务，工资给我多少，保险交不交，都谈满意了，才进去工作。 其实直接领导的领导管理风格非常重要。要对员工好，不推诿责任，能够帮助下属，而不是压制下属，这些对员工都很重要。 我老公在国企工作，公司同事们相处得不好，再加上公司搬迁了，上班离家比原来远了，很不方便。所以他就在家附近找了别的工作。 现在的年轻人，对工资问题、经济问题看得比较重，对企业没有什么忠诚可言。如果公司与员工能够结成利益共同体，那就会有忠诚，有长远打算，否则，就是当一天和尚撞一天钟。我付出一天劳动，公司付我一天报酬，纯粹是经济交换。 当然，有个好领导，情况就不一样了。同事关系融洽，尤其是领导好，有困难，大家也愿意一起克服，一起走过困难。相处融洽，工作氛围好，团队很团结，也会不愿意离开。 最重要的还是总体收入。我那个学设计的同学很希望能晋升，因为晋升和收入待遇是有关的。当她的作品被大老板赏识，她就升级为设计总监。现在负责的事情多了，自己能力也提升了。现在也有公司挖她，奖金更高，但大老板许诺给她办北京户口，她就没有离开这个公司。 户口是大事儿，如果工作能够帮忙解决户口，其他差一点儿也可以接受。我老公有个同学，北师大心理系毕业的，本可以去心理咨询所挣很多钱，但为了拿到北京户口，去考了公务员。因为北京户口和房子、车尤其子女教育有重大关系。如果没有户口，孩子想要上好点的小学，基本不可能，即使上比较差的学校，也需要交3万~5万赞助费。没有北京户口，公立幼儿园也不能去	工资 工作能提高自我 上级领导好不好 工作前景 五险一金 领导能力 领导风格 离职 工作职务 领导帮助下属 同事关系 工作地点 员工对企业忠诚 员工和企业是利益共同体 经济交换 领导好 有困难团队一起克服 工作氛围好 团队团结 晋升 能力提升 奖金 北京户口

表 3.4　开放性编码示例

编号	访谈方式	访谈整理文本字数	被访谈者基本信息	原始资料（部分）	初始概念
2	深度访谈	27 483 字	男，管理人员；在私营企业，制造业	员工选择一份工作，最关心的首先是工资收入，也就是每月拿到手的钱，不是其他的保险之类，就是每个月能拿到多少现金，这是第一。第二是工作的稳定性，我能不能持续稳定地拥有工资。第三个实际是劳动强度。还有就是作业环境，车间干不干净，地方大不大呀。还关心食堂伙食好坏	工资收入 工作保险 每个月拿到的现金 工作的稳定性 持续稳定拥有工资 劳动强度 作业环境 车间是否干净 工作的地方大不大 食堂伙食
4	深度访谈	610 字	男，管理人员；在私营企业，制造业	我觉得能正常双休日休息，提供五险一金，还有客观的收入比较满意，就是好工作。我们企业中领导对我们员工都特别好，工作不劳心	双休日休息 五险一金 客观收入 领导对员工好 工作不劳心
6	深度访谈	700 字	女，一线员工；在私营企业，制造业	我在这个岗位工作了 14 年，它最吸引我的是福利待遇还可以。再一个是每天只工作 8 个小时，有时加班，也不到 10 个小时	福利待遇 工作 8 个小时 加班时间不长
7	深度访谈	3 359 字	男，管理人员；在私营企业，制造业	大家喜欢的工作都是干活少、挣钱多的。现在同行业的员工跳槽的特别多，有些是因为跟同事关系处理不好；再有就是现在这些 80 后、90 后的孩子在企业没什么归属感	干活少 挣钱多 同事关系 对企业的归属感
8	深度访谈	707 字	男，管理人员；在私营企业，制造业	我看待一个工作好不好主要看它有没有好的发展前景，还有领导对员工的态度	好的发展前景 领导对待员工的态度
9	深度访谈	2 456 字	男，一线员工；在私营企业，制造业	选择一份工作我首先关心的肯定是薪酬了。男人就要养家糊口，当然有很多人会有远大的志向，但我不是那类人	薪酬 养家糊口 远大的志向

续表

编号	访谈方式	访谈整理文本字数	被访谈者基本信息	原始资料（部分）	初始概念
10	深度访谈	1 750 字	男，管理人员；在国有企业，服务业	我到公司工作首先关心能不能解决北京户口；第二关心的是在这个公司能学到什么；第三，这个工作能有多大发展空间和上升空间；还有公司能不能帮忙解决班车、食堂、宿舍三个问题	解决北京户口 从工作中学到知识 发展空间 上升空间 公司帮忙解决班车、食堂、宿舍
11	深度访谈	1 739 字	女，管理人员；在国有企业，服务业	工作的上升层级别太复杂，攀登太辛苦	工作上升层级
12	深度访谈	6 655 字	男，管理人员；在民营企业，制造业	在员工选择工作的时候，钱还是最重要的	工作收入
13	深度访谈	2 828 字	女，一线员工；在民营企业，制造业	选择一份工作主要是奔着工资、发展以及个人成长去的	工资 工作发展 个人成长
14	深度访谈	10 823 字	男，管理人员；在国有企业，制造业	现在的物价这么高，员工对薪酬的需求每年都会增长。我们企业和员工签订了工资激励协调机制，保证在生产正常的情况下，员工的货币收入要有不低于 5%的年增长	薪酬增长 工资激励协调机制 货币收入增长
15	深度访谈	1 279 字	男，管理人员；在国有企业，制造业	在这里工作提供免费三餐，提供住宿。这对员工和企业都有好处，给员工省了生活费，不用操心吃喝，上班不用迟到。现在交通不好，早到单位，吃了早饭，安心上班，工作效率提高了	免费三餐 提供住宿 给员工省生活费 工作效果高
17	深度访谈	2 072 字	男，管理人员；在国有企业，制造业	员工关心工作的成长空间大不大，工作有上升空间，才有盼头。工资报酬只是一个方面	成长空间 上升空间 工资报酬

续表

编号	访谈方式	访谈整理文本字数	被访谈者基本信息	原始资料（部分）	初始概念
18	深度访谈	464 字	男，管理人员；在国有企业，制造业	对我来说，工作的晋升空间、个人待遇和对个人能力的提升，包括个人为人处世、业务能力的提升比较重要	晋升空间 个人待遇 个人能力的提升 为人处世能力 业务能力提升
19	深度访谈	413 字	男，技术人员；在国有企业，制造业	我比较看重工资、奖金、工作环境、工作条件，是否总出差。如果培训机会多一些，更好。好团队也很重要	工资 奖金 工作环境 工作条件 是否总出差 培训机会 好团队
20	深度访谈	1 690 字	男，管理人员；在国有企业，制造业	我工作为增加一技之长。我选择这个工作还有个原因是企业比较大，待遇比较好	增加一技之长 企业比较大 工作待遇
22	深度访谈	662 字	男，一线员工；在外资企业，制造业	领导如果能经常关心下属，下属就会感觉很舒服	领导关心下属
24	深度访谈	599 字	女，一线员工；在外资企业，制造业	我选择这个工作时，考虑的首先是薪资，第二个是环境，第三个是方便性，比如我们公司提供班车，几乎每个人都能送到家，早 6 点上班，下午 3 点下班。我们公司福利待遇挺多，但是都不高	薪资 环境 方便些 提供班车 福利待遇
25	深度访谈	1 639 字	男，管理人员；在民营企业，制造业	员工选择工作时最关心工资待遇和氛围，氛围就是企业是不是理解员工，支持员工	工资待遇 氛围 企业理解员工 企业支持员工

续表

编号	访谈方式	访谈整理文本字数	被访谈者基本信息	原始资料（部分）	初始概念
26	深度访谈	1 149 字	男，管理人员；在民营企业，制造业	有的员工暂时不要求收入，更看重的是工作的晋升机会。也有员工不交五险一金，让企业折合成钱返还	暂时不要求收入 晋升的机会 不交五险一金，折合现金
27	深度访谈	383 字	女，技术人员；在民营企业，制造业	我比较看重工作转正后就交五险一金，领导还经常带员工去旅游，工作的发展前景好	五险一金 领导带员工旅游 工作发展前景
28	深度访谈	888 字	男，一线员工；在民营企业，制造业	我比较看重工作未来的发展，其次是经济报酬	工作未来的发展 经济报酬
29	焦点小组	13 543 字	三女一男，一线员工；在外资企业，制造业	我们今年刚搬迁，这边比较偏僻。员工最关心的是怎么出去逛街、怎么购物，公司就准备了接驳车，每 2 小时一班，接送到市区。每个定点的繁华的购物商场都有，下午几点钟接回来，每天都有	公司提供接驳车
30	焦点小组	7 891 字	三男，两个管理人员，一个一线员工；在国有企业，制造业	首先我们要主动了解员工的心声，这是最主要的。因为一个企业运营这么长时间，大大小小肯定是什么问题都有的。公司通过很多方法让员工合理、合法、有程序地表达自己的诉求，比如我们新成立了公共微信平台，还有员工代表大会，如果员工要对企业献计献策，都可以通过合理化建议这个渠道来参与。如果建议合理可行，相关人员或管理者会予以采纳	了解员工心声 员工表达诉求 公共微信平台 员工代表大会 献言献策 合理化建议 工作参与 相关人员或管理者采纳意见

续表

编号	访谈方式	访谈整理文本字数	被访谈者基本信息	原始资料（部分）	初始概念
32	焦点小组	1 586 字	两男两女，两个管理人员，一个技术人员，一个一线员工；在私营企业，制造业	技术岗位的工作还是关心薪酬、保险、公司待遇之类的。还关心跟同事处得开不开心，领导好不好	薪酬 保险 待遇 同事关系 领导好不好
35	焦点小组	817 字	两男，一个技术人员，一个一线员工；在私营企业，制造业	大家工作首先关心的是工资水平，看能否达到预期要求。其次是工作是否有好的发展前景。最后是五险一金	工资水平达到预期 工作的发展前景 五险一金
36	焦点小组	2 601	两女一男，两个管理人员，一个技术人员；在私营企业，制造业	90 后、00 后会在乎工作的发展，住宿环境，食堂好不好。30 岁左右的会在乎收入。他们考虑问题更务实	工作的发展 住宿环境 食堂 收入
38	焦点小组	6 726 字	二男，管理人员；在私营企业，制造业	部门主管会和员工进行有效对话，也会问员工有什么困难，然后再与人力资源部沟通，想办法一起解决	部门主管与员工对话 解决员工困难

3.2.3.2　选择性编码

初始概念的意义比较广泛，相互之间的关系也较为模糊。随着对数据不断比较和分类，一个核心概念开始出现。这一核心概念似乎解释了作为研究重点或问题的大部分变化，成为进一步选择性数据收集和编码工作的重点（Glaser 和 Holton，2004）。研究编码也进入了实质性编码的第二步选择性编码，以此来进一步筛选代码。选择性编码比逐行、逐句、逐段编码更有指向性、选择性和概念性。

本研究对开放式编码过程中提取的初始概念进行比较，从中“萃取”与员工工作质量相关联的核心概念。通过对 104 个初始概念进行比较、合并、分类，提取出与工作质量关联度比较高的 31 个子范畴；对 31 个子范畴进一步比较分类，最终获得 8 个核心范畴，分别是工作报酬、工作安全与健康、工作负荷、员工和组织的关系、人际关系、个人发展、工作参与、工作稳定性（具体见表 3.5）。

表 3.5　选择性编码结果

主范畴	子范畴	原始资料示例
工作报酬	工作的总体收入	很多时候员工们抱怨，是因为总体收入太少了，大家心里委屈。（编号 38）
	工作的工资	来到工厂后，大家最关心的就是工资水平是不是能达到预期。（编号 35）
	工作的奖金	我们公司成立到现在有 14 年了，每年年终都有奖金，过年还有 100 元补贴，送生日礼物。（编号 6）
	工作的福利	为了对抗珠海这边的高房价，我们公司提出了一人一居室，公司通过一系列企业、政府的相关政策，建设了很多住房，分给员工。（编号 30）
工作安全与健康	工伤事故	有些年龄比较大的就不愿意从事这个工作，因为比较危险。去年我们同行企业中发生了一场工伤事故，一个物料提升机从 33 楼掉下来了，上面的 19 个员工摔死了，这样的事是我们不愿意看到的。（编号 12）
	工作安全防护	去年那个安全事故后我们抓的最紧的就是安全，做好安全措施。（编号 12）
	职业疾病	如果女员工想要怀孕就得换个岗位，因为药品研发对身体不好。（编号 37）
	工作污染	我是学药学的，原来在外企做药品研发，但化学药品接触，不适合女性。（编号 37）
工作负荷	工作时间	再一个是每天只工作 8 个小时，有时加班，也不到 10 个小时。（编号 6）
	工作班次安排	我比较关注工作需不需要倒班，能不能正常上下班。（编号 32）
	工作节奏	员工最关心的是干这份活累不累，节奏快不快。他们每天站 8 个小时，上午、下午各休息 10 分钟，中午吃饭 40 分钟，从早上 8 点到下午 5 点。（编号 22）
	工作强度	这个岗位的工作量特别的大，收入还低，所以流动率很高。（编号 32）

续表

主范畴	子范畴	原始资料示例
员工和组织的关系	组织为生活提供方便条件	我选择工作的时候，考虑公司能不能帮忙解决班车、食堂、宿舍这三个问题。(编号 10)
	组织认同	来这做这个工作不仅是我，我的父母都有面子。(编号 10)
	组织情感支持	我们每个部门都会选出来关爱大使，这些关爱大使负责这一周的关爱活动和发现问题。我们遇到难题了可以直接去心理咨询室，寻求安慰和解决方法。(编号 29)
	团队认同	同事关系融洽，尤其是领导好，有困难大家也愿意一起克服，一起渡过难关。相处融洽，工作氛围好，团队很团结，也会不愿意离开。(编号 1)
人际关系	上级领导能力	去后才发现，不仅收入比同行低，她的直接领导设计水平不如她，还天天对她指手画脚。(编号 1)
	上级领导风格	其实直接领导的领导管理风格非常重要。要对员工好，不推诿责任，能够帮助下属，而不是压制下属，这些对员工都很重要。(编号 1)
	上级领导支持	刚开始毕业，大家都是一样的，30 岁后会体现出差距。刚开始工作你的信心还有能力，很大程度是领导培育出来的。领导对员工的好，能从很多细节体现到，比如自己生病了，领导能打个电话表示关心，就会很感动。(编号 28)
	同事能力	在选择工作时，同事的素质能力也很重要。(编号 10)
	同事关系	我对这里的同事有感情了，不想再去适应别的工作了。(编号 24)
个人发展	工作前景	有的员工暂时不要求收入，更加看重工作的环境、平台和晋升公平。(编号 27)
	能力素质提升	如果这个工作能够提升自己，学到技能，那是最好不过了。(编号 22)
	培训和学习机会	公司有 14 个俱乐部，可以帮助我们提高个人技能，还有日语、韩语培训。我们不用出去，不花一分钱，就可以学到自己想学习、想玩的东西。(编号 29)
	培训学习有效性	以前跟师傅学习，对师傅心存感激。当年他教我的东西让我受益了，他们也不收学徒费。(编号 19)
	工作职务	再找另一家公司时，她就跟人家谈，给我什么职务，工资给我多少，保险交不交，都谈满意了，才进去工作。(编号 1)

续表

主范畴	子范畴	原始资料示例
工作参与	畅通的沟通渠道	其实没有完美的公司，平时我们就会书面提出有待改善的意见和建议。公司会记录什么时候向公司提了哪些意见，回复的日期是什么时候，谁回复的，什么时候解决掉的。(编号 1)
	安全的建言氛围	我们有什么意见都跟主管反映，没有什么心理顾虑。企业也马上解决工人的问题，不怠慢。(编号 32)
	上级采纳建言	员工和上级之间互相尊重，可以自由表达，员工好的想法也会被采纳。(编号 18)
	团队知识经验分享采纳	我们每天早上都会开小组会议，全员参与，大家互相分享做得好的经验，总结大家好的方面和不好的方面。(编号 29)
工作稳定性	工作稳定性	40 岁左右的人会更在乎工作是否稳定，对工作环境好坏的要求不那么强烈。(编号 36)

3.2.3.3 理论性编码

通过对 8 个核心编码不断比较，并与现有文献进行比较（见表 3.6），同时整理研究备忘录，本研究最终构建了员工工作质量的概念模型。工作报酬、工作安全与健康、工作负荷、员工和组织的关系、人际关系、个人发展、工作参与、工作稳定性这 8 个核心范畴最终共同构成了一个中心范畴，即员工工作质量（见图 3.2）。

表 3.6 核心范畴与相关文献比较

核心范畴	相关文献
工作报酬	McGovern 等（2004）；Clark（2005）；Handel（2005）；Jones 等（2014）；Warhurst（2015）；Horowitz（2016）；Welsh 等（2016）；Cazes 等（2015）；Chandola 和 Zhang（2018）；刘素华（2005）；明娟、曾湘泉（2015）；明娟、王明亮（2015）；聂伟、风笑天（2016）；赵蒙成（2016）；刘莹莹、梁栩凌和张一名（2018）
工作安全与健康	Handel（2005）；Kelliher 和 Anderson（2008）；Cazes 等（2015）；Horowitz（2016）；Chandola 和 Zhang（2018）；Piasna 和 Plagnol（2017）；聂伟、风笑天（2016）；李善乐（2017）
工作负荷	Rubery 和 Grimshaw（2001）；Clark（2005）；Handel（2005）；Green（2006）；Reda 等（2012）；Jones 等（2014）；Horowitz（2016）；Findlay 等（2017）；Piasna 和 Plagnol（2017）；Bryson 等（2017）；明娟、曾湘泉（2015）；朱慧劼、风笑天（2019）

续表

核心范畴	相关文献
员工和组织的关系	
人际关系	Rubery 和 Grimshaw（2001）；Reda 等（2012）；Findlay 等（2017）；Piasna 和 Plagnol（2017）；Bryson 等（2017）
个人发展	Rubery 和 Grimshaw（2001）；McGovern 等（2004）；Handel（2005）；Jones 等（2014）；Warhurst（2015）；Mustosmäki 等（2017）；Findlay 等（2017）；Piasna 和 Plagnol（2017）；Bryson 等（2017）；聂伟、风笑天（2016）
工作参与	Kelliher 和 Anderson（2008）；Jones 等（2014）；Van Veldhoven 等（2017）；Findlay 等（2017）；Mustosmäki 等（2017）
工作稳定性	Clark（2005）；Leach 等（2010）；Jones 等（2014）；Horowitz（2016）；Welsh 等（2016）；LaMontagne 等（2016）；Piasna 和 Plagnol（2017）；Bryson 等（2017）；Chandola 和 Zhang（2018）；聂伟、风笑天（2016）

资料来源：本研究整理

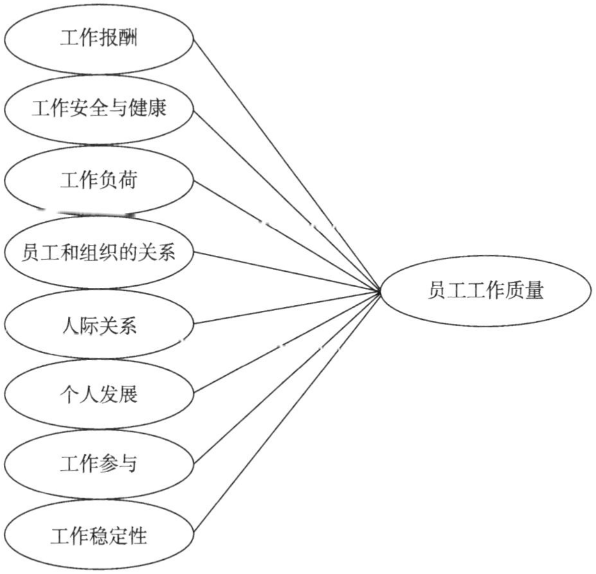

图 3.2 员工工作质量的概念模型

工作报酬是指员工从工作中获得的货币性和非货币性报酬总和，包括工资、奖金、福利等；工作安全与健康是指从事该工作能否保证员工身体或心理免受职业伤害；工作负荷是指工作的强度、工作的时间长度、工作节奏和工作班次等；员工和组织的关系是指员工对组织和团队的认同度，以及可以从组织或团队中获取的物质和心理支持。人际关系是指员工与上级及同事之间的关系，及员工对上级和同事的认同度。工作参与是指员工是否可以通过建言等方式参与组织或者团队的决策；工作稳定性是指员工是否可以长时间稳定从事该工作。与现有文献的对比发现，工作报酬、工作安全与健康、工作负荷、人际关系、个人发展、工作参与、工作稳定性这 7 个核心范畴均得到了文献支持（见表 3.5），但员工和组织的关系并未在现有文献中找到依据。

在中文文献中，刘素华（2005）设计的工作质量评价指标体系将劳动关系纳入其中。该指标又分为劳动合同、民主管理、工会组织、平等协商和集体合同五个要素。聂伟、风笑天（2016）在以往研究基础上，使用劳动报酬、工作时间、工作稳定性、劳资关系、工作环境、社会保障、职业发展及主观满意度 8 个方面的指标对农民工工作质量进行测量，其中劳资关系主要通过是否加入企业工会及对劳动权益是否有意见来衡量。虽然以上工作质量测量工具中出现了与本研究中“员工和组织的关系”相类似的维度，但内涵仍存在差别。上述文献中的劳动关系侧重衡量签订劳动合同或者加入工会等劳动者最基本的权益，但本研究中的员工和组织的关系维度强调员工对于组织和所在团队的认同及归属，以及在日常工作中从组织或团队中获取的物质和心理支持。

在所有文化情境中，员工在组织中工作时，都存在资源和依赖之间的交换关系。员工通过工作来换取收入及其他有用资源，同时也要服从企业的命令。在西方情境中，员工主要从组织中换取收入这个资源，并可以利用所获得的收入在组织之外的资源市场上交换其他所需的各种资源。员工和组织之间的交换关系相对单纯，员工对组织的依赖较小（李汉林、李路路，1999）。但在社会主义市场经济体制的中国情境下，员工与组织之间的资源和依赖的关系较市场经济社会更为复杂，组织向员工提供的资源远远不止收入。不完善的市场经济及社会发展过程中暂未解决的问题，导致了优质的医疗、教育和住房等资源的稀缺。员工无法完全通过个人力量在市场上平等地获取资源，有时不得不依靠组织来获得短缺资源以满足自身需求。组织提供资源的全面性决定了员工与组织之间交换的全面性，因此，员工对组织的依赖也是全面性的（李汉林、李路路，1999）。“终于找到组织了”和“有困难找组织”正是中国情境下员工对组织高依赖性的通俗表达，这也从侧面反映了中国情境下员工对组织的依赖。

此外，计划经济体制下的单位制和科层制，仍然影响着员工的就业观念和社会地位观（潘玉巧，2007）。即使员工不再像单位制下在政治、文化、经济和社会生活等方面全面地依赖组织，中国员工对组织的依赖仍与西方情境中不同。受传统的“家文化”和“人情味社会”的影响，中国员工更加注重“关系”，而员工和组织的关系是社会生活中的重要关系之一，因此，员工对组织归属感和组织认同感的需求更加强烈，更重视工作中自己与组织之间的关系，关注日常生活中是否可以获得组织的关怀，关键时刻能否获得组织的帮助和支持，是否为成为组织或团队一员而骄傲等。尤其是对于农民工群体，他们背井离乡在陌生的城市工作，更加需要组织给予的帮助和关怀，对组织的归属感和依赖感需求更大。综上所述，员工和组织的关系是中国情境下员工工作质量的重要维度。

3.2.3.4　编码饱和度检验

在得到以上结论后，本研究利用随机预留的10份文本资料对研究结论进行理论饱和度检验，以确保研究的信度。我们对这10份文本资料与已有的编码不断进行比较，并未发现新的范畴和关系（示例见表3.7）。同时结合表3.5对核心范畴和已有文献的比较检验，也未形成新的范畴和关系。此时，本研究判定理论达到了饱和，经典扎根理论的理论构建工作宣告完成（贾旭东、谭新辉，2010）。

表3.7　饱和度检验示例

编号	访谈方式	访谈文本字数	被访谈者基本信息	原始资料（部分）	初始概念	子范畴	是否存在
3	深度访谈	728字	男，管理人员；在私营企业，制造业	我大学刚毕业就做了这份工作，选择这个工作的原因是这份工作比较有发展前景，年轻人能在这里学到东西。当然，同事关系对我而言也比较重要	有发展空间，能学到东西，同事关系	工作前景，能力素质提升，同事关系	是 是 是
4	深度访谈	610字	男，管理人员；在私营企业，制造业	我觉得能正常双休日休息，提供五险一金，还有比较满意的收入，就是好工作。我们企业中领导对我们员工都特别好	双休日休息，五险一金，客观收入，领导对员工好	工作时间，工作的福利，工作的总体收入，领导风格	是 是 是 是
5	深度访谈	397字	女，技术人员；在私营企业，制造业	我比较关注工作的福利、工资。我的同学经常向我抱怨工作时间太长，劳动强度太大	工作的福利，工资，工作时间太长，劳动强度太大	工作的福利，工作的工资，工作时间，工作强度	是 是 是 是

续表

编号	访谈方式	访谈文本字数	被访谈者基本信息	原始资料（部分）	初始概念	子范畴	是否存在
16	深度访谈	1 442 字	男，管理人员；在国有企业，制造业	员工过生日，人力资源总监会给发贺卡，以前是每人 100 元生日贺礼，现在是 200 元	生日贺礼	工作的福利	是
21	深度访谈	598 字	男，管理人员；在外资企业，制造业	我觉得一般中年员工会考虑工资，毕竟要维持生计。年轻的员工就会考虑未来有没有发展	工资，维持生计，未来发展	工作的工资，工作前景	是 是
23	深度访谈	484 字	女，一线员工；在外资企业，制造业	我对一起工作的同事有感情，不想再重新适应其他的工作了	对同事有感情	同事关系	是
31	焦点小组	2 893 字	一男一女，一线员工；在私营企业，制造业	我们公司节假日正常休息，周六周日双休，到点正常下班	节假日休息，双休，正常下班	工作时间	是
33	焦点小组	2 788 字	一男一女，管理人员和一线员工；在私营企业，制造业	我感觉工作不单单只是为了挣工资，还得领导好，团队好	工资，领导好，团队好	工作的工资，领导风格，团队认同	是 是 是
34	焦点小组	2 431 字	两男两女，三个管理人员和一个一线员工；在私营企业，制造业	这个工作虽然工资不高，但是工厂具有凝聚力，虽然利润微薄，但是老板借钱配备了班车	工资，工厂有凝聚力，配备班车	工作的工资，组织认同，组织为生活，提供方便条件	是 是 是

续表

编号	访谈方式	访谈文本字数	被访谈者基本信息	原始资料（部分）	初始概念	子范畴	是否存在
37	焦点小组	1 969 字	一男一女，一线员工；在私营企业，制造业	总的来说，这个工作的待遇还比较好的，公司里面同事关系也比较好。医疗保险和养老保险这些都不需要自己担心	工作的待遇，同事关系，医疗保险，养老保险	工作的总体收入，同事关系，工作的福利	是 是 是

3.3　企业员工工作质量测量模型的构建

3.3.1　初始量表的形成

3.3.1.1　员工工作质量的操作化定义

对构念进行准确清晰的操作化定义是进行测量的第一步。根据第 2 章文献综述，现有研究对员工工作质量的定义尚未达成一致，学者们普遍认为它是一个多维构念，包含了一系列影响员工幸福感的工作特征。

Law 等（1998）依据多维构念与其各维度之间的关系，将其分为潜因子型多维构念（latent multidimensional constructs，LMC）、合并型多维构念（aggregate multidimensional constructs，AMC）和组合型多维构念（profile multidimensional constructs，PMC）三种。其中，潜因子型多维构念的各个维度都是同一个构念的不同表现。在数学上，潜因子型多维构念可以表示为各个维度的共同因子。管理学中大部分多维构念都属于潜因子型多维构念，如组织公民行为、组织承诺等。合并型多维构念的各个维度就是这个多维构念的不同组成部分，数学上它可以被定义为其各个维度的函数。工作满意度和工作嵌入都是典型的合并型多维度构念。组合型多维构念是各个维度以不同方式的组合。由“提供的诱因”和“期望的贡献”这两个维度相互交叉组成的雇佣关系就是典型的组合型多维构念，高诱因、高期望称作相互投资型，高诱因、低期望称作过分投资型，低诱因、高期望称作投资不足型，低诱因、低期望称作类现货契约型（Tsui 等，1997）。而对于如何确定构念的多维类型，罗胜强、姜嬿（2014）建议最好在理论基础上先确定所研究的构建为何种多维构念，再使用实证数据进行检验。

对于员工工作质量这个构念而言，现有文献虽然未明确给出它的多维度构念类型，但却普遍使用其组成部分或特征对员工工作质量进行定义和测量（Warhurst，2015；Green 等，2016；Mustosmäki 等，2017），认为员工工作质量是其各个维度的线性函数，也就是它是一个合并型多维构念。本研究采用扎根理论的编码过程对 38 个文本数据进行分析，构建出由工作报酬、工作安全与健康、工作负荷、员工和组织的关系、人际关系、个人发展、工作参与和工作稳定性 8 个维度组成的员工工作质量概念模型，这也验证了员工工作质量是合并型多维构念。因此，本研究给出了员工工作质量的操作化定义，即它是合并型多维度构念，包含了一系列影响员工幸福感的工作特征。

3.3.1.2 构建员工工作质量测量题项库

测量题项库的构建是量表开发过程中的重要步骤。Hinkin（1998）指出三种生成题项库的方式。第一种是基于构念的定义，研究者自己编写测量题项；第二种是修改已有文献中该构念的测量题项；第三种是对相关人员进行访谈，获得目标构念的典型特征，然后在此基础上编写测量题项。前两种方法是演绎法，第三种是归纳法。由于我国社会转型的复杂性和快速变化，使用严谨的归纳法开发中国情境下测量量表是非常必要的；且归纳法是结合实际现象论证概念的结构，可以增加研究的合法性和认可度（梁建等，2017）。

根据梁建等（2017）的建议，同时参考 Zheng 等（2015）、Shockley 等（2015）及杨静、王重鸣（2013）等学者量表开发中题项库生成的方式，本研究在扎根理论编码分析得出的员工工作质量概念模型基础上，编制出对应工作报酬、工作安全与健康、工作负荷、员工和组织的关系、人际关系、个人发展、工作参与和工作稳定性 8 个维度的 31 个条目作为员工工作质量测量题项库，并据此形成预试量表。为了确保预试量表的内容效度，本研究邀请了两位人力资源领域的专家、五位企业人力资源管理部门的资深员工和三位企业管理博士研究生对各个条目的内容和表述方式进行审核修改，并询问了 10 位不同性别、不同年龄、不同教育程度、不同行业及不同岗位的员工，员工工作质量预试量表条目的表述是否易于理解和符合他们的语言习惯，最终获得了员工工作质量的预试量表（见表 3.8）。

表 3.8 员工工作质量预测量表

编号	题　项
1	工作的总体收入令人满意
2	工资能够维持我和家人的基本生活
3	工作的奖金令人满意
4	工作的福利令人满意

续表

编号	题　　项
5	工作中几乎没有发生过工伤事故
6	工作中拥有完善的安全防护设备和安全防护措施
7	工作不会造成职业病，比如尘肺病，职业放射性疾病，职业中毒，职业性皮肤病，职业性眼病，职业性肿瘤等
8	工作环境中很少污染、粉尘、噪声、辐射等有毒有害物质
9	工作的加班状况令人满意
10	工作的班次安排令人满意
11	工作节奏和速度令人满意
12	工作量的大小令人满意
13	工作的组织可以为员工的日常生活提供方便条件
14	为成为组织的一员而感到自豪
15	当工作或生活遇到问题，可以获得组织的尽力帮助
16	为成为工作团队的一员而感到自豪
17	上级领导很有水平
18	喜欢上级的领导方式
19	上级领导可以给予足够的支持和帮助
20	一起工作的同事能力强，素质高
21	在工作中与同事合作愉快
22	工作的前景很好
23	工作能够提升能力和素质
24	工作中经常有培训和学习的机会
25	工作中的培训学习确实提升了能力和素质
26	对目前已经拥有的职务感到满意
27	如果有不满或者抱怨，很容易向有关部门或有关责任人反映
28	提出不满或者抱怨的过程中，不用担心会对自己造成不利影响
29	工作中合理化建议或想法经常被领导听取或采纳
30	工作中合理化建议或想法经常被同事听取或采纳
31	现在的工作很稳定

3.3.2 探索性因素分析

探索性因素分析是将杂乱无章的变量重新排列组合，以此来建立新假设、发展新理论的因素分析（吴明隆，2010）。根据 Hinkin（1998）和吴明隆（2010）的量表开发流程，我们使用 SPSS 19.0 来进行探索性因素分析，寻找出最适合的员工工作质量测量题项，并初步检验它的结构维度。

3.3.2.1 取样与测量

在“我国企业劳动关系和谐指数构建与应用研究”（12AJY001）项目组的帮助下，本研究于2014年5月在吉林省长春市某经济技术开发区的31家企业中进行了问卷发放，共发放问卷900份，收回有效问卷612份。样本中男性占比64.1%，女性占比35.9%；新生代员工（1980年及以后出生）占比68.9%，老一代员工（1980年前出生）占比31.1%；高中及以下学历的占比86.1%，专科学历的占比10.9%，本科及以上学历的占比0.7%；农业户口占比58.3%，非农业户口占比41.7%；签订长期劳动合同的占比97.5%，签订短期劳动合同的占比2.5%。调研采用李克特（Likert）5点量表，其中“1”表示“不符合”，“2”表示“比较不符合”，“3”表示“不确定”，“4”表示“比较符合”，“5”表示“符合”。

3.3.2.2 分析过程与结果

本研究先采用信度分析（Reliability Analysis）对初始量表进行了分析，剔除校正项总计相关性（CITC）小于0.5的题项。题项“上级领导很有水平”的CICT值仅为0.439，故删除该题项。接着本研究进行了探索性因素分析（exploratory factor analysis，EFA）的适合度检验，结果显示，KMO值为0.934，Bartlett球形检验近似卡方值为10 647.541，证明非常适合进行因子分析。根据吴明隆（2010）的建议，我们采用主成分分析法提取公因子，使用最大方差法得到旋转矩阵，从员工工作质量现有的30个题项中抽取特征值大于1的因素，且剔除因子载荷小于0.5，或者存在交叉负荷且差异小于0.2的题项。其中题项“现在的工作很稳定”存在交叉负荷，在因素2和因素3上载荷分别为0.458和0.404，差异小于0.2；题项“对目前已经拥有的职务感到满意”因子载荷小于0.5，故这两个题项被删除。重新采用主成分—直交旋转—最大方差法对删除题项后的量表进行分析（见表3.9），抽取出7个因素，共解释总体变异的61.435%。各题项的因子载荷都在0.5至0.7之间，因素结果较为理想。依据各因素题项，将之分别命名为：工作报酬、工作安全与健康、工作负荷、员工和组织的关系、人际关系、个人发展、工作参与。与前文的概念模型相比，工作稳定性这个维度被删除，这也与 Xiao 和 Björkman

(2006)、Osterman (2013) 等指出的现在的工作稳定性对员工并不重要相契合。编码12的被访者也提到“我对工作的稳定性并不关心”。在实践中，员工尤其是新生代员工对工作稳定性的关注度逐渐降低，他们更重视工作的发展前景、人际关系等其他因素。

表3.9 探索性因素分析结果

	成分						
	因素1	因素2	因素3	因素4	因素5	因素6	因素7
工作中合理化建议或想法经常被领导听取或采纳	0.797	0.109	0.078	0.153	0.122	0.212	0.123
工作中合理化建议或想法经常被同事听取或采纳	0.784	0.118	0.125	0.131	0.188	0.163	0.179
提出不满或者抱怨的过程中，不用担心会对自己造成不利影响	0.778	0.127	0.110	0.134	0.212	0.139	0.155
如果有不满或者抱怨，很容易反映到有关部门或有关责任人	0.702	0.182	0.112	0.150	0.230	0.148	0.108
工作中几乎没有发生过工伤事故	0.133	0.867	0.119	0.113	0.049	0.074	0.141
工作中拥有完善的安全防护设备和安全防护措施	0.139	0.808	0.205	0.134	0.133	0.108	0.129
工作不会造成职业病，比如尘肺病、职业放射性疾病、职业中毒、职业性皮肤病、职业性眼病、职业性肿瘤等	0.136	0.770	0.143	0.129	0.162	0.174	0.105
工作环境中很少污染、粉尘、噪声、辐射等有毒有害物质	0.132	0.637	0.149	0.131	0.263	0.244	0.107
在工作中与同事合作很愉快	0.072	0.125	0.802	0.154	0.034	0.155	0.144
一起工作的同事能力强，素质高	0.094	0.124	0.797	0.133	0.043	0.230	0.081
喜欢上级的领导方式	0.114	0.146	0.796	0.153	0.097	0.077	0.149
上级领导很有水平	0.119	0.168	0.718	0.102	0.179	0.086	0.134
为成为组织的一员而感到自豪	0.099	0.133	0.148	0.791	0.136	0.118	0.117
当工作或生活遇到问题，可以获得组织的尽力帮助	0.174	0.113	0.134	0.790	0.117	0.074	0.133
为成为工作团队的一员而感到自豪	0.165	0.123	0.151	0.746	0.042	0.180	0.098
工作组织可以为员工的日常生活提供方便条件	0.106	0.107	0.119	0.682	0.209	0.184	0.184

续表

	成 分						
	因素 1	因素 2	因素 3	因素 4	因素 5	因素 6	因素 7
工资能够维持我和家人的基本生活	0. 202	0. 115	0. 120	0. 149	0. 785	0. 178	0. 202
工作的奖金令人满意	0. 216	0. 182	0. 049	0. 117	0. 723	0. 176	0. 297
工作的总体收入令人满意	0. 203	0. 208	0. 138	0. 175	0. 705	0. 221	0. 149
工作的福利令人满意	0. 410	0. 174	0. 123	0. 180	0. 621	0. 148	0. 178
工作中经常有培训和学习的机会	0. 123	0. 164	0. 157	0. 194	0. 164	0. 782	0. 155
工作能够提升能力和素质	0. 203	0. 159	0. 152	0. 133	0. 149	0. 777	0. 199
工作中的培训学习确实提升了能力和素质	0. 206	0. 140	0. 178	0. 181	0. 261	0. 714	0. 154
工作的前景很好	0. 283	0. 179	0. 191	0. 152	0. 136	0. 584	0. 189
工作的班次安排令人满意	0. 191	0. 161	0. 167	0. 093	0. 150	0. 115	0. 780
工作节奏和速度令人满意	0. 130	0. 121	0. 107	0. 183	0. 106	0. 197	0. 770
工作的加班状况令人满意	0. 192	0. 207	0. 166	0. 111	0. 290	0. 128	0. 661
工作量的大小令人满意	0. 102	0. 037	0. 170	0. 233	0. 252	0. 225	0. 619
特征值	3. 115	2. 942	2. 913	2. 812	2. 724	2. 714	2. 611
解释变异量（%）	11. 126	10. 443	10. 404	10. 042	9. 729	9. 692	9. 325
解释累计变异量（%）	11. 126	21. 569	31. 973	42. 014	51. 743	61. 436	61. 435

最终，通过探索性因素分析得到的工作报酬、工作安全与健康、工作负荷、员工和组织的关系、人际关系、个人发展、工作参与 7 维度 28 题项量表的 Cronbach's α 值均大于 0. 8（见表 3. 10），说明该量表各维度均具有良好的稳定性。

表 3. 10　各维度 Cronbach's α 值

维度名称	Cronbach's α 值
工作报酬	0. 869
工作安全与健康	0. 866
工作负荷	0. 826
员工和组织的关系	0. 838
人际关系	0. 855
个人发展	0. 859
工作参与	0. 872

3.3.3 各维度权重确定

在3.2.1中，本研究已经明确员工工作质量是一个合并型多维构念，它是其各个维度的线性函数（Munoz de Bustillo 等，2011）；进一步通过3.2.2探索性因子分析，识别出了员工工作质量的7个维度。而合并型多维度构念与其各维度之间的线性关系可以表示为：

$$\text{合并型多维度构念} = \sum_{\iota=1}^{\kappa} \lambda_1 \times \text{维度}\,\tau$$

为了估计该方程，需要确认各个维度的权重，即λ值，罗胜强、姜嬿（2014）给出了两种方法，第一种是在理论证据充足的情况下，从理论出发来定义各维度权重；第二种是在理论证据不足时，通过实证数据来确认整体构念与各维度之间的函数关系。Munoz de Bustillo 等（2011）也指出，有数据驱动和理论驱动两种方式确认员工工作质量各维度的权重，但采用理论驱动来决定权重更加合理。因此本研究从理论角度出发，分析得出各维度的权重。

在已有的工作质量测量方法中，有部分使用客观数据或二分量表的测量方式对各维度赋予了不同的权重。如 Jencks，Perman 和 Rainwater（1988）对工资、工作时长等测量使用客观数据，其余题项使用二分量表（由被试者回答“是”或“否”），同时要求员工对各题项赋予权重，最终计算加权平均值代表员工工作质量。而 Boccuzzo 和 Gianecchini（2015）开发的青年毕业生工作质量的综合指标（JQCI）量表，除小时工资采用客观数据外，其余问题也使用二分量表，并根据陈述偏好法确认各维度权重，计算加权平均值。更多的工作质量测量量表采用的还是各维度等权平均（Jencks 等，1988；Clark，2005；Handel，2005；Jones 等，2014；Cazes 等，2015；Horowitz，2016；González-Romá 等，2018），国际劳工组织（ILO）、欧洲改善生活和工作条件基金会（Eurofound）、欧洲经济委员会（UNECE）等所使用的测量方式也同样使用了简单平均法。明娟、王明亮（2015）也提出在计算多维工作质量指数（Multi-Dimensional Job Quality Index）时，各维度等权平均或者简单平均法是常用的方法。

工作满意度也是合并型多维度构念。早在1969年，Locke 就明确指出在测量工作满意度时，其5个维度应该被赋予相同的权重。他认为工作满意度各维度的重要性在一定程度上决定了被试者对不同维度的评分，也就是说，每个维度的重要性已经通过评分反映出来了，所以再将满意度得分乘以权重是多余的。与之相仿，本研究中的员工工作质量测量量表为员工填答，采用李克特（Likert）五点量表，让员工评价自己工作的各个方面，这与直接采用工资、工作时长、工伤次数等客观指标不同，员工的评价中已经包含了对各维度的赋重。因此，本研究对员工工作质量的工作报酬、工作安全与健康、工作负荷、员工和组织的关系、人际关系、个人发展、工作参与 7 个维度赋予相同的权重，员工工作质量是各个维度的简单平均。

3.3.4 验证性因素分析

验证性因素分析是指使用者根据相关理论或文献编制一个含有数个层面的量表，此量表已经由专家效度审核或已经经过探索性因素分析，量表层面及所包含的题项非常明确，使用者为再确认量表各层面及所包含的题项是否符合预期，采用线性结构方程模式软件加以验证，来探究量表的因素结构是否能与抽样样本适配（吴明隆，2010）。在经过探索性因素分析后，员工工作质量量表的层面及所包含的题项已明确，故本研究进一步通过验证性因素分析（confirmatory factor analysis，CFA），对员工工作质量量表进行进一步检验，同时使用平均变异量（average variance extracted，AVE）和组合信度（composite reliability，CR）对其效度进行检验。本部分数据处理工具采用 SPSS 19.0 与 Mplus 7.4。

3.3.4.1 取样与测量

在“我国企业劳动关系和谐指数构建与应用研究”（12AJY001）项目组的帮助下，本研究于 2014 年 6 月至 7 月对江苏省苏州市某经济技术开发区的 44 家制造业企业进行了问卷调查，共发放问卷 4 400 份，收回问卷 2 288 份，其中有效问卷 1 631 份。样本中男性占比 51.6%，女性占比 48.4%；新生代员工（1980 年及以后出生）占比 84.3%，老一代员工（1980 年前出生）占比 15.7%；26.7%拥有高中及以下学历，34.4%拥有专科学历，39.1%拥有本科及以上学历；45.9%为农业户口，54.1%为非农业户口；97.4%签订了长期劳动合同，2.6%签订了短期合同。本研究采用经过探索性因素分析修订后的员工工作质量量表，共包含 7 个维度 28 个题项。同样采用李克特（Likert）5 点量表，其中“1”表示“不符合”，“2”表示“比较不符合”，“3”表示“不确定”，“4”表示“比较符合”，“5”表示“符合”。

3.3.4.2 分析过程与结果

为了进一步检验员工工作质量的效度，本研究提出了 3 个竞争模型：M_0 为观测变量相互独立的虚无模型；M_1 为 28 个观测变量直接指向员工工作质量的单维度模型；M_2 为包含工作报酬、工作安全与健康、工作负荷、员工和组织的关系、人际关系、个人发展、工作参与的一阶 7 因子模型；M_3 为包含工作报酬、工作安全与健康、工作负荷、员工和组织的关系、人际关系、个人发展、工作参与的二阶 7 因子模型。

使用 Mplus 7.4 对模型进行验证性因子分析，结果显示模型 M_1 中 28 项员工工作质量题项的标准化因素负荷均在 0.50 以上；模型 M_2 中，每个题项在其所属的因素工作报酬、工作安全与健康、工作负荷、员工和组织的关系、人际关系、个人发展、工作参与的标准化因素负荷均在 0.60 以上，且 7 个潜变量两两之间的相关系数在 0.35 到 0.74 之间，达到了显著性水平；在模型 M_3 中（见图 3.3），各题项在其所属的因素工作报酬、工作安全与健康、工作负荷、员工和组织的关系、人际关系、个人发展、工作参与的标准化因素负荷均在 0.6 以上，且工作报酬、工作安全与健康、工作负荷、员工和组织的关系、人际关系、个人发展、工作参与在二阶因素员工工作质量的标准化因素负荷分别为 0.71，0.50，0.78，0.94，0.73，0.80，0.79，表示 M_3 模型的基本

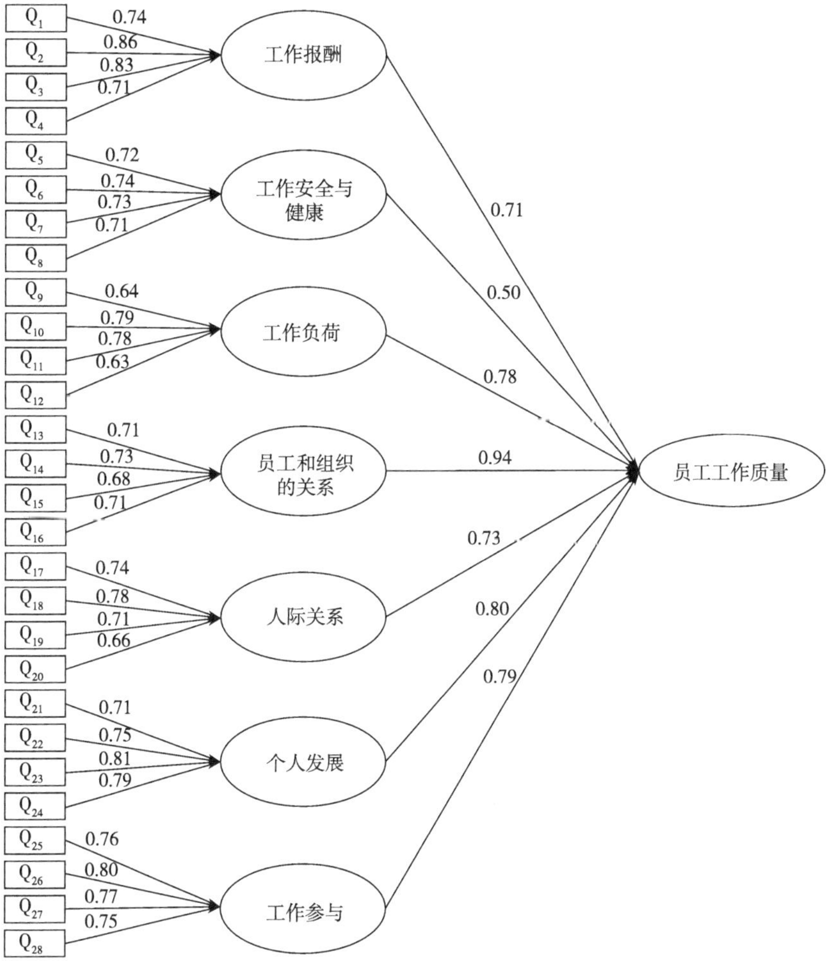

图 3.3　验证性因素分析结果

适配度较好。M_3 模型适配度（χ_2 = 2 027.27，df = 343，RMSEA = 0.06，CFI = 0.91，TLI = 0.90），显著优于 M_1（χ_2 = 6 771.66，df = 350，RMSEA = 0.11，CFI = 0.66，TLI = 0.63）和 M_2（χ_2 = 6 771.66，df = 350，RMSEA = 0.11，CFI = 0.66，TLI = 0.63）。由此确认了员工工作质量是由工作报酬、工作安全与健康、工作负荷、员工和组织的关系、人际关系、个人发展、工作参与 7 个一阶因子构成的二阶结构。

接着我们使用 AVE 和 CR 对员工工作质量的聚合效度和区分效度进行检验，结果显示工作报酬、工作安全与健康、工作负荷、员工和组织的关系、人际关系、个人发展、工作参与 7 个维度的 *AVE* 值分别为 0.62，0.53，0.51，0.50，0.52，0.59，0.60，均高于 0.5 的标准；而工作报酬、工作安全与健康、工作负荷、员工和组织的关系、人际关系、个人发展、工作参与的 *CR* 值分别为 0.87，0.82，0.80，0.80，0.81，0.85，0.85，均高于 0.7 的标准，表明量表的聚合效度和区分效度较好。最后我们使用 SPSS 19.0 对各维度的信度进行了检验，工作报酬、工作安全与健康、工作负荷、员工和组织的关系、人际关系、个人发展、工作参与 7 个维度的 Cronbach's α 值分别为 0.81，0.93，0.87，0.79，0.80，0.81，0.84，表明量表具有良好的信度。

3.4 研究结果与讨论

本研究基于扎根理论的编码程序构建了中国情境下员工视角的员工工作质量概念模型，在此基础上形成了员工工作质量的初始量表，并通过探索性因子分析、验证性因子分析及信效度分析等量表开发程序对初始量表进行了检验。具体而言，本研究有以下几方面的结论：

（1）本研究构建了中国情境下企业员工工作质量概念模型

员工工作质量是多维复杂概念，现有的文献基于不同的社会背景、不同的研究视角和研究对象给出了多种多样的工作质量概念模型，Munoz de Bustillo 等（2011）呼吁学者们基于员工视角，结合理论，构建出个体员工工作质量概念模型。而本研究基于 38 份访谈文本，采用自下而上的扎根理论编码程序构建出由工作报酬、工作安全与健康、工作负荷、员工和组织的关系、人际关系、个人发展、工作参与和工作稳定性这 8 个核心范畴组成的员工工作质量概念模型。该概念模型是基于中国情境，站在员工视角构建而成，且识别出未在已有员工工作质量测量量表中出现的维度——员工和组织的关系，这是对 Munoz de Bustillo 等（2011）、Jones 等（2014）、Bryson 等（2017）等构建的员工工作质量概念模型的拓展。

（2）本研究明确了员工工作质量的多维构念类型

在以往文献中，只指出员工工作质量是多维构念，但并未明确给出其具体多维构念类型。本研究基于现有文献中提到的员工工作质量是各个维度的加权平均判定其为合并型多维构念，而这与扎根理论构建的员工工作质量概念模型不谋而合。因此，本研究明确指出员工工作质量是一个合并型多维构念，它是其各维度的线性函数。

（3）本研究开发出中国情境下面向员工个体的员工工作质量测量工具

在采用扎根理论编码过程构建的员工工作质量概念模型基础上，经过探索性因子分析、验证性因子分析及信效度分析，本研究开发了一个由工作报酬、工作安全与健康、工作负荷、员工和组织的关系、人际关系、个人发展和工作参与 7 个维度构成的 28 个题项的员工工作质量量表。与前文员工工作质量概念模型相比，工作稳定性维度的题项由于信度未通过检验被剔除，而这也与一些文献中提出的工作稳定性对员工并不重要相互验证（Xiao 和 Björkman，2006；Osterman，2013）。

（4）本研究确定了员工工作质量各维度的权重

员工工作质量与其各维度之间是线性关系，对其识别需要对各维度的权重进行确定。本研究在以往研究基础上，参考 Locke（1969）对工作满意度各维度权重确定的建议，赋予了员工工作质量各维度相同的权重，为后续员工工作质量测量奠定了基础。

（5）本研究识别了“员工和组织的关系”这个尚未在员工工作质量测量量表中发现的特色维度

在中国情境下员工工作质量的概念模型构建中，本研究识别出员工和组织的关系这一维度；在后续的量表开发过程中，该维度通过了检验，被保留在员工工作质量测量量表中。通过文献比对，在以往的工作质量测量量表中，并未发现员工和组织的关系这个维度（Clark，2005；Green，2006；Cazes 等，2015；Warhurst，2015；Piasna，2018；刘素华，2005）。之所以出现该种结果，可能原因是：我国尚不完善的市场经济体制导致了优质的医疗、教育和住房等资源的稀缺，员工有时需要依靠组织来获得短缺资源，满足自身需求。组织提供资源的全面性决定了员工与组织之间交换的全面性，员工对组织的依赖也是全面性的。同时，受单位制和科层制及传统的“家文化”和“人情味社会”的影响，我国员工对组织归属感和组织认同感的需求更加强烈，更重视工作中自己与组织之间的关系，更关注和需要组织的关怀、帮助和支持。

本研究明确了员工工作质量是一个合并型多维构念，并在扎根理论构建的概念模型基础上，开发了中国情境下的员工工作质量测量量表，同时识别出员工和组织关系这个尚未在已有工作质量测量量表中出现的维度。但作为影响员工幸福感的重要因素，员工工作质量的前因变量仍有待研究，本研究将使用该测量工具，对其他企业层面的前因变量进行探究。

第4章 高绩效工作系统对员工工作质量的影响研究

本章首先基于现有文献的不足提出了研究问题，在此基础上进行了研究模型构建、理论基础阐述和研究假设的提出，随后通过实证研究设计和数据调查分析对研究假设进行了检验，最后对本章的研究结果进行了总结与讨论。

4.1 问题的提出

工作质量是影响员工健康和幸福感的重要因素。如何提高员工工作质量是学术界和实践界共同关注的焦点（Burgess 和 Connell，2008；Warhurst，2015）。已有研究表明，企业内的人力资源管理策略及行动可以对员工工作质量产生影响（Lowe，2001；Burgess 和 Connell，2008）。在过去的 20 年中，学者们对人力资源管理最佳实践进行了广泛而深入的探讨，并由此提出了高绩效工作系统这个概念。随后，各个研究基于多种理论探究了高绩效工作系统对组织绩效的作用效果与作用机制（Appelbaum 等，2000；Lepak 等，2006；Chang 和 Chen，2011；Jiang 等，2012；Kloutsiniotis 和 Mihail，2019）。近年来，这种高度的以管理者为中心的高绩效工作系统研究遭到了众多批评，一些学者认为过分地强调高绩效工作系统的效率和有效性是将管理目标凌驾于员工的福利之上（Boselie 等，2005；Zhang 等，2013），因此，越来越多的学者呼吁关注高绩效工作系统对员工个体的影响（Guest，2002；Zhang 等，2013；Fan 等，2014）。高绩效工作系统强调利用员工帮助组织实现目标、提高绩效和获取竞争优势，该过程隐含了员工的重要性，但少有文献探究其对员工工作质量的影响。

高绩效工作系统在制造业企业中实施效果更佳，具体原因为：第一，相较于服务业企业，制造业企业中的工作往往涉及复杂且具有潜在危险的机械，需要制定复杂规则和标准化程序来确保充分的员工培训；当技术和环境的变化导致需要生产新产品或使用不同的设备时，这些规则和程序使适应变化变得困难和昂贵。而高绩效工作系统可以帮助组织获得灵活性，制造业企业会从中获益更多。第二，相较于服务业的员工可以依靠外部的正式或非正式培训，制造业企业中的员工基本只能依靠内部培训获得企业专有知识，换而言之，他们更依赖高绩效工作系统来获取知识、技能和能力（KSAs）。第三，服务业企业中客户会影响高绩效工作系统的作用效果，给它的效果设定上限，而制造业企业不受此影响。第四，高绩效工作系统中的一些实践与制造业企业更加适配（Combs 等，2006）。因此，本章将在制造业企业内探究高绩效工作系统与员工工作质量之间的关系。

已有研究表明，高绩效工作系统可以通过加强团队合作、弹性工作制度、鼓励员工参与、致力于培训和学习、共享利润、提供工作参与机会等人力资源管理实践增强员工承诺、提高生产率，并最终提高工作质量（Lowe，2001；Burgess 和 Connell，2008）。但也有学者指出，高绩效工作系统会增加员工的工作时间和要求，导致员工倦怠，破坏工作家庭平衡（Menon 等，2018；Dixon，McCollum 和 Fullerton，2018）。高绩效工作系统究竟如何影响员工工作质量尚无定论。

基于权变观，高绩效工作系统的作用效果会受到情境因素的影响，且现有研究对高绩效工作系统与员工工作质量之间关系结论的不一致可能是因为存在权变因素。工会是高绩效工作系统研究中的缺失环节，鲜有研究探讨其是否能增强或者减弱高绩效工作系统对员工个体行为或态度的影响（Chen 等，2017）。学者们仅仅探讨了工会对高绩效工作系统采纳和实施的影响，及高绩效工作系统对工会的替代和促进作用。一些学者认为，企业采取高绩效工作系统是为了代替工会，因而会遭到工会的反对，影响实施效果（Liu 等，2009）。但也有学者认为，工会愿意与高绩效工作系统互相配合，协同帮助员工谋取福利（Cochrane 等，2005）。与西方工会自下而上的组建方式不同，中国的工会大都是依靠行政力量自上而下组建的，各级工会都是中华全国总工会的分支机构（Liu，2010）。中国的企业工会接受上级工会和企业内党组织的领导，主要的运营经费来自政府补贴和企业资助，为员工维权并不是它们的唯一角色，它们同时还扮演着为政府维稳和为企业维序的角色（Ge，2007；Budd 等，2014；单红梅等，2014；魏下海等，2015；陈维政等，2016）。在此背景下，企业工会能否增强或减弱高绩效工作系统与员工工作质量之间的关系就值得探讨。

持权变观的学者还指出不同企业在人力资源管理上的人均支出不可能相同，也不可能只存在一种形式的高绩效工作系统（Kaufman 和 Miller，2011）。有些组织将高绩效工作系统作为提高财务绩效的工具引入，以提高利润为导向，更强调其对员工高控制的一面；而有些组织在引入高绩效工作系统时强调要让企业和员工同时受益，关注能否实现双赢（Zhang 等，2013；

Ogbonnaya 等，2017）。企业资本密度是指平均每个员工所能利用的财产、厂房和设备数量（Huselid 等，1997），资本密度的不同在一定程度上决定了企业在人力资源管理上人均支出的差异。资本密度越高的企业对员工技术要求越高，招聘和选拔的成本越高，过高的员工流动率给企业造成的伤害也就越大，因此企业会给予高绩效工作系统更多的投资，在人力资源管理上的人均支出更多（Kaufman 和 Miller，2011）。已有研究表明，企业的资本密度会影响高绩效工作系统的采纳和实施效果（Huselid 等，1997；Datta 等，2005），但鲜有研究探讨资本密度对高绩效工作系统与员工工作质量之间关系的调节作用。

综上所述，本研究将在前文基础上，探究制造业企业中高绩效工作系统对员工工作质量的影响，旨在探究员工工作质量的前因变量，拓展高绩效工作系统在员工个体层面的结果变量；同时还引入企业工会与资本密度两个权变因素，探讨企业工会和资本密度对高绩效工作系统与员工工作质量之间关系的调节作用。与单独探讨两个调节变量的作用相比，采用三项交互同时考量两个调节变量的作用所探索出的关系权变因素更加有效（Lam 等，2019）。因此，本研究还将探讨工会和资本密度的联合调节作用。

4.2　研究模型、理论基础与假设

4.2.1　研究模型

通过前文对相关文献的梳理和问题的提出，本研究发现高绩效工作系统与员工工作质量之间的关系研究尚存在不足，对二者关系权变因素的探究也比较欠缺。在已有文献基础上，本研究提出高绩效工作系统与员工工作质量存在显著的正向关系，企业工会和资本密度分别对二者关系具有调节作用，且企业工会和资本密度可以联合调节二者的关系。基于此，本研究在控制员工层面的员工性别、年龄、学历、户籍和岗位类型，及企业层面的企业性质、企业规模和成立时间后，构建了如图 4.1 所示的理论模型，并据此提出了相应的研究假设。

4.2.2　理论基础

4.2.2.1　研究理论的选择

在现有文献中，有学者指出高绩效工作系统可以改变传统单调的工作内容，增强员工工作控制，帮助员工获得更多的上级支持（Osterman，2013；Carvalho 和 Chambel，2014）；但也有学者指出，高绩效工作系统会增加员工工作负荷，延长工作时间（Castanheira 和 Chambel，2010；臧志、王维镭，2019）。而工作要求—资源理论（JD-R Theory）作为工作研究领域使用最广泛的理论之一，它能反映工作环境与工作相关结果之间的关系，可以对员工的幸福感和工作绩效进行预测（Bakker 和 Demerouti，2014；Dicke 等，2018）。工作要求—资源理论结合了影响工作福祉的积极和消极过程，并可应用于各种工作环境（Bakker 和 Demerouti，2014）。鉴于已有研究中高绩效工作系统与员工工作质量之间关系的不一致，本研究将采用工作要求—资源理论，同时考量高绩效工作系统可能给员工工作质量带来的工作要求和工作资源，更加全面地探究二者之间的关系。

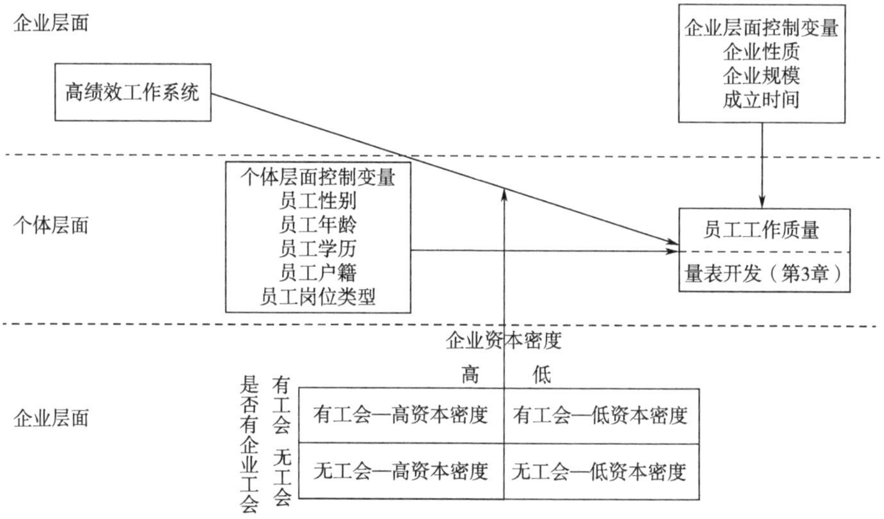

图 4.1　研究的理论模型

4.2.2.2　工作要求—资源理论

工作要求—资源模型（JD-R Model）最初是由 Demerouti 等（2001）在解释工作倦怠前因变量时提出的，经过十多年的发展，对该模型的研究稳步增加，学者们不仅仅局限于使用工作要求—资源模型对工作倦怠进行预测，更多的研究开始采用该模型对组织承诺、工作投入、因病旷工和工作绩效进行预测（Bakker 和 Demerouti，2014）。随着工作要求—资源模型的成熟，它已扩展成为工作要求—资源理论（JD-R Theory），而使用该理论可以理解、解释和预测员工的幸福感（例如，倦怠、健康、动力、工作投入）和工作绩效（Bakker 和 Demerouti，2014）。

根据工作要求—资源理论，所有的工作环境或工作特征都可以用工作要求和工作资源这两个不同的类别来建模，其中工作要求是指工作的生理、心理、社会或组织方面需要持续的生理和/或心理（认知和情感）努力或技能，因此与某些生理和/或心理成本有关；而工作资源指的是在工作的生理、心理、社会或组织方面，能够和/或：①在实现工作目标方面发挥作用；②减少工作需求和相关的生理和心理成本；③刺激个人成长、学习和发展（Demerouti 和 Bakker，2011）。高工作压力、不利的物理环境、不规则的工作时间、工作转换、工作超负荷、人际冲突和工作不安全感等都属于工作要求，虽然工作要求不一定是消极的，但当工作要求很高时，员工必须付出额外的努力来实现工作目标，这就伴随着生理和心理上的代价，比如疲劳和易怒。员工可以通过休息、转换任务或者做一些要求较低的工作来补充这些额外的能量和相关的成本。当员工无法从中充分恢复时，工作要求可能会变成压力源，造成员工生理和心理上的耗竭（Demerouti 和 Bakker，2011；Schaufeli 和 Taris，2014）。工作资源还可能位于宏观层面、组织层面（如薪酬、职业机会、工作保障）、人际层面（如主管和同事支持、团队氛围）、具体工作职位（如角色清晰度、参与决策），以及工作层面（如技能多样性、任务识别、任务重要性、自主性和绩效反馈）；工作资源不仅是处理工作要求所必需的，它们本身就是有价值的，或者是实现或保护其他有价值资源的手段（Bakker，Demerouti 和 Schaufeli，2003；Demerouti 和 Bakker，2011；Dicke 等，2018）。

工作要求—资源理论的第二个命题是工作要求和工作资源会独立引发两种不同的过程，产生不同的影响。第一种是工作要求的健康损害过程，长期超负荷或情绪需要的高工作要求会耗尽员工的精神和身体资源，导致员工能量耗竭，出现健康问题。第二种是工作资源的激励过程，工作资源具有激励潜力，可以带来高工作投入、低水平的愤世嫉俗和出色的工作绩效，一方面它能扮演内在激励的角色，满足员工的自主需求、能力需求和相关性需求等基本需求，如适当的反馈能够促进员工学习，进而提高工作能力，而决策自由和社会支持可以满足自主和归属的需要。另一方面，工作资源也可能发挥外在的激励作用，提供众多资源的工作环境可以提高员工为工作付出努力和能力的意愿，如同事的支持和来自上级的适当反馈可以增加员工成功实现工作目标的可能性（Bakker，Demerouti 和 Schaufeli，2003；Demerouti 和 Bakker，2011；Bakker 和 Demerouti，2014）。

在提出工作要求和工作资源的主要影响之后，工作要求—资源理论提出了第三个命题，即工作要求和工作资源之间也存在联合效应，它们在预测职业健康方面是相互作用的，并通过两种方式对员工幸福感产生综合影响，进而影响绩效。第一种交互作用是工作资源可以缓冲工作要求对压力的影响，社会支持、自主权、绩效反馈和发展机会等工作资源可以减轻情绪要求、工作压力等工作要求对压力、倦怠的影响，即拥有较多工作资源的员工可以更好地应对日常工作要求。第二种交互作用是工作要求可以放大工作资源对动机和投入的影响，当工作要求较高时，工作资源尤其会影响工作动机或工作投入。当员工面临具挑战性的工作要求时，工作资源就会变得更有价值，更能促进员工对手头任务的献身精神（Demerouti 和 Bakker，2011；Bakker 和 Demerouti，2014）。

4.2.3 研究假设

4.2.3.1 高绩效工作系统对员工工作质量的影响

在第 2 章文献综述中，我们已经提到高绩效工作系统对员工福祉的影响研究主要有两个视角——一元论和多元论。一元论者倾向于忽视或淡化雇主和雇员之间的利益冲突，组织目标与员工的利益是一致的，管理层和员工将为了共同的目标而协同工作。他们认为实施高绩效工作系统是组织和员工的一种“双赢”。相比之下，多元论者认为雇主和雇员之间存在根本的利益分工，高绩效工作系统可能对员工产生负面影响。持该观点的学者认为较高的绩效和工作强度是同一枚硬币的两面，追求高组织绩效的人力资源管理实践会加剧员工的工作需求和工作挑战，导致员工的不满意、压力和情绪耗竭（Zhang 等，2013；Kloutsiniotis 和 Mihail，2019）。

高绩效工作系统与工作质量或幸福感之间的实证研究也未达成一致，有研究结论是高绩效工作系统会造成员工工作负荷加重，降低工作质量，导致幸福感下降（Castanheira 和 Chambel，2010；Green 等，2016；臧志、王维镭，2019）；但一部分研究结论是高绩效工作系统会提高员工的工作质量，增强员工的工作幸福感（Lowe，2001；Burgess 和 Connell，2008；Fan 等，2014；Huang 等，2016；曹曼等，2019），Kloutsiniotis 和 Mihail（2019）研究发现，高绩效工作系统并不会带来工作负荷的增加，Carvalho 和 Chambel（2014）研究则发现，高绩效工作系统会显著地降低员工的工作负荷和工作时间。本研究则试图采用更加全面的视角探讨高绩效工作系统与员工工作质量之间的关系，通过工作要求—资源理论对二者的关系进行整合分析。

根据工作要求—资源理论，工作条件可以被划分为工作要求和工作资源两大类（Bakker 和 Demerouti，2014）。在工作中需要持续的体力或脑力劳动，所以工作要求是指对与某些生理和心理成本相关的生理、心理、社会或组织方面的需求，如工作负荷、时间压力等。工作资源是指可以帮助个体实现工作目标，或者减少工作需求中的生理和心理成本，或者激励个体成长和发展的生理、心理、社会或组织方面的因素，包括反馈、奖励、对工作的控制、参与、工作保障、工作设计和人际支持等（Bakker 和 Demerouti，2014；Dicke 等，2018）。

高绩效工作系统对员工参与、培训等的强调可能会给员工的工作带来挑战，需要员工在工作中投入更多的精力和时间，加大了工作负荷，增加了员工的工作要求。但相对应的是，高绩效工作系统同时给予了员工更多的工作资源。高绩效工作系统中严格的招聘可以帮助组织寻找到更加适合的员工，对员工而言，与自身技能、知识、能力及兴趣相匹配的工作可以帮助他们更好地完成工作目标，降低工作的心理和生理成本，增加工作资源。同样的，高绩效工作系统带来的广泛的培训可以帮助员工提高技能和能力，有助于工作目标的实现和工作成本的降低，更重要的是可以帮助员工获得更长足的进步和发展；而内部职业机会更是直接为员工提供了成长和发展的阶梯。工作描述可以帮员工明确自己的工作目标和任务，工作参与和结果导向的评价帮他们更好地掌控工作，利润分享、激励薪酬和工作保障都可以激励员工成长和发展。这些人力资源管理实践协同互补，增加了员工的工作资源。

对员工工作质量而言，高绩效工作系统的高工作要求可能会给工作负荷维度带来负面影响，但高绩效工作系统的高工作资源可以缓冲这个消极作用。高绩效工作系统给予员工的高工作资源一方面可以提高员工的知识、技能和能力（KSAs），帮助员工更轻松地应对高工作要求；另一方面可以授予员工更多的工作自主权和较弹性的工作方式，缓解了高工作要求带来的工作倦怠和情绪耗竭。更多的，高工作资源带来的招聘、培训、内部职业机会等工作资源对工作质量的个人发展维度具有提升作用；严格的招聘和广泛培训又能提高领导和同事的能力和素质，工作参与加强了各方的互动，结果导向的评价减少了上下级之间的冲突，这些资源帮助员工获得人际关系的提升。以员工工作参与为主的工作资源对沟通交流维度有提升作用，激励薪酬和利润分享等工作资源可以帮助员工获得更满意的薪资待遇。高绩效工作系统将员工视为提升组织绩效的关键，对员工的工作环境和安全更加重视；而高绩效工作系统赋予员工的各种工作资源也会让员工感知到他们被组织所珍视，员工工作质量和组织的关系维度得到了满足。综上所述，我们提出了假设1：

假设1：在制造业企业中，高绩效工作系统对员工工作质量具有显著的正向影响。

4.2.3.2 工会的调节作用

工会在工作场所的存在和活动会影响企业人力资源管理实践的选择和作用效果（Freeman 和 Medoff，1984），现有研究表明，在西方组织情境中二者之间既有兼容性也有竞争性（Liu 等，2009），工会和高绩效工作系统在员工参与、培训等方面做法一致，但在激励薪酬等方面存在分歧，如工会反对高绩效工作系统中的绩效工资、标准工时工资和利润分成等激励薪酬，因为这可能会扩大工会会员之间的差距，导致不平等加剧（Fang 和 Verma，2002；Verma，2017）。鉴于二者关系的不确定性和中国工会的特殊性，本研究将探讨在有工会和没有工会的制造业企业中，高绩效工作系统对员工工作质量的影响是否存在差别。

在有工会的企业中，工会通过罢工和其他方式强迫组织提高员工的工资和福利，这就是工会的“垄断面孔”（Freeman 和 Medoff，1984）。工会的垄断面孔会对高绩效工作系统产生“冲击”效应，工会将鼓励对员工有益的人力资源管理实践，限制有可能会使员工利益受损的人力资源管理实践（Laroche 和 Salesina，2017）。具体而言，工会将支持高绩效工作系统带给员工更多的工作参与和话语权，使员工能够参与到企业的决策中，且能自己决定如何组织完成自己的工作；工会也会积极促进对员工进行广泛而全面的培训，帮助员工提高一般技能和专业技能，提高员工的人力资本；工会还赞成高绩效工作系统中内部晋升的实施，帮助企业完成晋升程序正规化，为员工提供职业发展和成长的阶梯；工会也会支持高绩效工作系统对员工的工作保障。但工会虽然支持对员工进行结果导向的评价，却反对将考核结果与薪酬挂钩，以防止员工之间收入差距过大，导致员工之间的不平等。工会的冲击效应会使得高绩效工作系统中对员工有益的实践更好地发挥作用，同时限制可能有损于员工的实践。因此，在工会的支持下，高绩效工作系统的实施可以为员工带来更多的工作资源。

工会还具有“代言人面孔”，它可以通过集体谈判等形式向企业管理层提供员工偏好等信息，让企业有的放矢，更有针对性地选择某些人力资源管理实践，帮助高绩效工作系统达到最佳的效果，促进员工工作资源的获取。

另一方面，工会可以保护员工免于受到高负荷工作的伤害。当高绩效工作系统带给员工过高的工作负荷和过长的工作时间时，工会会对此进行反对，阻止对员工过高的工作要求。因此，相较于没有工会的制造业企业，在有工会的企业中，高绩效工作系统给员工的工作资源会更多，但工作需求会削减，此时高绩效工作系统对员工工作质量的正向作用会增强。

与西方国家工会的“垄断面孔”和“代言人面孔”不同，中国的工会扮演的角色更加的多元化（Su 和 Wright，2012；胡恩华等，2016），它具有双重角色定位，既要维护职工利益，也要维护国家总体利益，既代表职工又代表党和政府（谭泓，2015）；换言之，中国工会具有强烈的“党政代言人面孔”

和“集体代言人面孔”，但缺乏“垄断面孔”（Ge，2007）。

但越来越多的研究证明，中国工会并不像人们质疑的那样无所作为（Ge，2007；李明 、徐建炜，2014；胡恩华等，2016；靳卫东、崔亚东，2019）。首先，中国工会能对企业劳动法实施情况进行监督，可以保障员工的“底线型权益”（孙中伟、贺霞旭，2012）；其次，中国工会还具有提供社会福利的传统角色，为有困难的员工提供财政支持，为员工建立员工俱乐部、文化宫、体育馆等文化娱乐设施，进行安全生产监督及配合管理部门处理工伤事故，为员工提供培训等（Ge，2007）。工会对员工基本权益的保护和提供的福利可以提高员工对企业的归属感和认同感，使员工对高绩效工作系统抱有更加积极的归因，认为企业实施高绩效工作系统是为了使员工受益（Chen 等，2017）。

同时，工会“集体代言人”的角色可以向企业传递员工对于高绩效工作系统的真实感受（Ge，2007）。受儒家文化影响，中国工会强调和谐的重要性，而工会对企业的财务依赖也决定了其不太可能对企业的管理决策提出反对意见。但工会依旧可以在企业和员工之间充当协调者的角色（Lu 等，2010；徐小洪，2010），帮助双方更积极地互动，促进企业更有效地实施高绩效工作系统，实现双赢。

而在没有工会的中国制造业企业中，当员工工作质量恶化时，没有任何组织可以代表员工权益，员工的境况会更糟糕（Chen，2007；Ge，2007）。综上，我们提出假设 2：

假设 2：在制造业企业中，工会在高绩效工作系统与员工工作质量之间起调节作用。具体而言，相较于没有工会的企业，在有工会的企业中，高绩效工作系统与员工工作质量之间的正向关系更强。

4.2.3.3 企业资本密度的调节作用

资本密度在经济管理研究中占据着重要地位，Huselid 等（1997）等学者在高绩效工作系统出现伊始就对二者关系进行了探究。Datta 等（2005）在探究高绩效工作系统作用效果的权变因素时，更是将资本密度放在了首位。但现有研究主要集中在资本密度如何影响高绩效工作系统的采用和实施，且并未达成一致结论，鲜有研究探讨在制造业中资本密度是否将增强或减弱高绩效工作系统与员工工作质量之间的关系。

基于权变观，对“最佳实践”更适合的理解是能够为组织带来最大的利润和最长期生存可能性的人力资源管理实践束，因此不可能在所有企业中的高绩效工作系统模式完全相同（Datta 等，2005；Kaufman 和 Miller，2011）。一些企业的高绩效工作系统是被组织作为提高财务绩效的工具而引入的，更强调高绩效工作系统对员工高控制的一面。此时，高绩效工作系统可能会通过牺牲员工的利益来提高组织绩效，使员工产生工作倦怠和工作不满意。一些企业更关注高绩效工作系统能否使企业和员工双赢，更倾向于通过高绩效工作系统获得积极的员工成果，如高承诺、工作满意度和角色外行为，来提高组织的绩效。此时，高绩效工作系统不以员工为代价来实施，因此不太可能导致员工的工作倦怠和对工作的不满（Datta 等，2005；Zhang 等，2013；Ogbonnaya 等，2017）。

资本密度反映了企业中平均每个员工所能利用的财产、厂房和设备数量（Huselid 等，1997）。在高资本密度的制造业企业中，复杂的技术使得员工选拔变得更加困难和重要，且人员流动造成的成本也更加高昂，企业会给予高绩效工作系统更多的投资，在人力资源管理上的人均支出更多（Kaufman 和 Miller，2011）。也就是说，高资本密度的制造业企业更可能关注高绩效工作系统双赢的一面，通过给予员工更高质量的工作体验来获得组织绩效的提升。从员工角度出发，高资本密度的制造业企业中员工的技能水平通常更高，他们能更轻松地应对高绩效工作系统带来的高工作要求，而高绩效工作系统的高工作资源也更能满足他们对工作参与等方面的需求。因此，在高资本密度的制造业企业中，高绩效工作系统与员工工作质量的正向作用会增强。

相反，低资本密度的制造业企业更可能强调高绩效工作系统对员工高控制的一面，会增加员工的工作要求。而低资本密度的制造业企业中员工的技能水平相对较低，自身拥有的工作资源有限，更难以应对高绩效工作系统的高工作要求。所以，在低资本密度的制造业企业中，高绩效工作系统与员工工作质量的正向作用会减弱。综上所述，我们提出了假设 3：

假设 3：在制造业企业中，资本密度在高绩效工作系统与员工工作质量之间起调节作用。具体而言，资本密度越高，高绩效工作系统与员工工作质量之间的正向关系越强。

4.2.3.4 工会和资本密度的联合调节作用

Lam 等（2019）把三项交互作用分为联合调节作用（joint moderating effects）、被调节的调节作用（moderated moderating effects）和被调节的联合作用（moderated joint effects）。其中，联合调节作用是指变量 Z 和 W 共同调节自变量 X 和因变量 Y 之间关系；被调节的调节作用是指变量 W 可以调节变量 Z 对自变量 X 和因变量 Y 之间关系的调节作用；被调节的联合作用是指变量 W 可以调节自变量 X 和 Z 的交互项与因变量 Y 之间关系。而在上文中，本研究已经提出了在有工会的制造业企业中，高绩效工作系统对员工工作质量的正向作用会增强。此外，本研究还假设资本密度同样会调节二者之间的关系，在高资本密度的制造业企业中，二者之间的正向关系会增强。在此基础上，本研究将考虑工会和资本密度的联合调节作用，揭示更为复杂的环境因素中高绩效工作系统与员工工作质量的关系。

在有工会且资本密度高的制造业企业中，较高的资本密度会使企业在高绩效工作系统上投资更多，更有可能通过为员工提供更多的培训、更高的工资和更多的参与机会等方式给予员工丰富的工作资源，改善员工的工作体验，进而完成企业绩效的提升。而此时企业也更强调高绩效工作系统对员工和企业的双赢，这与工会利益更加的兼容，工会更愿意积极地支持高绩效工作系统，给员工带来更多的工作资源。当高绩效工作系统带给员工过高的工作要求时，中国工会的集体代言人面孔会向管理层传达员工的真实感受，帮助企业积极调整，避免了过高工作要求造成的工作状况恶化。

在没有工会但资本密度高的制造业企业中，虽然企业的人力资源管理人均投资更高，更关注高绩效工作系统可以实现员工和企业的双赢，但是缺少了工会向企业传递的员工真实感受这些信息，管理层就无法及时对高绩效工作系统各项实践进行调整。同时，在没有工会的制造业企业中，因为没有代表员工利益的劳动机构，员工受到的保护也会明显变少（Ge，2007）。因此，相较于有工会且资本密度高的制造业企业，在没有工会但资本密度高的制造业企业中，员工获得的工作资源会略有减少。

在有工会但资本密度低的制造业企业中，企业更有可能会强调高绩效工作系统对员工高控制的一面，在给予员工工作资源的同时给员工带来了更高的工作要求。但工会通过保障员工的最基本的权益，如减少工作时间和增加工资收入等方式增加员工工作资源，缓冲高工作要求。同时，工会的集体代言人面孔使其向企业传递员工的不满，帮助企业及时对各项人力资源管理措施进行调整，减轻过高的工作要求给员工带来的负面影响。与有工会且资本密度高的制造业企业强调高绩效工作系统双赢的一面，且有工会的协调帮助相比，在有工会但资本密度低的制造业企业中，员工获得的工作资源相对较少，工作要求相对更多。

而在没有工会且资本密度低的制造业企业中，由于根本没有工会来代表员工的利益、给予员工额外工作资源，员工需要自己面对强调高绩效工作系统对员工的高控制，及其带来的高工作要求。此时，员工从高绩效工作系统中获得的工作资源最少，工作要求最多。

总体而言，在有工会且资本密度高的制造业企业中，员工从高绩效工作系统中获取的工作资源最为丰富，而工作要求更加合理，员工的工作质量也就更高。基于此，本研究提出假设4。

假设 4：在制造业企业中，工会和资本密度在高绩效工作系统与员工工作质量之间起联合调节作用。具体而言，相较于有工会但资本密度低，无工会但资本密度高和无工会且资本密度低，当企业中有工会且资本密度高时，高绩效工作系统与员工工作质量之间的正向关系最强。

4.3 实证研究设计

4.3.1 构念的操作化定义与测量工具

4.3.1.1 高绩效工作系统的操作化定义与测量

现有文献对高绩效工作系统尚未形成严格一致的定义。持普遍观的学者使用一系列人力资源最佳实践对其进行界定，而主张权变观和配置观的学者指出该种方式存在“一刀切”的弊端。他们强调高绩效工作系统是连贯、集成的人力资源实践束，且需满足横向匹配和纵向匹配。陈笃升（2014）在高绩效工作系统的综述论文中总结称，目前比较主流的是配制观，即整合、连贯且内部匹配的人力资源管理实践之间相互配合，能够对组织绩效产生更加积极的效果。本研究试图探讨高绩效工作系统对员工工作质量的作用效果，对高绩效工作系统的具体人力资源管理实践，及各个实践之间如何组合发挥加成效应和协同效应并不做深入研究，因此，我们将高绩效工作系统定义为一系列独立但相互关联的人力资源实践束，旨在通过提高员工的能力、动机、贡献机会及承诺和态度来提高组织的绩效，帮助组织获得竞争优势（Appelbaum 等，2000；Datta 等，2005；张徽燕等，2015；Huang 等，2016；Xian 等，2019）。

在高绩效工作系统的测量方面，Huselid（1995）、Delery 和 Doty（1996）、Xiao 和 Björkman（2006）和 Sun 等（2007）等开发的量表使用较为广泛。本研究选用经过曹曼等（2019）等在中国情境验证，且使用较为广泛的 Delery 和 Doty（1996）开发的包含内部职业机会、培训、结果导向的评价、工作保障、工作参与、工作描述和利润分享 7 个维度 23 个题项的量表。该量表采用回译法将原版英文量表翻译成中文量表。先由一位人力资源管理方向的博士生将该量表翻译成中文，再由一位英语专业的研究生将其回译成英文，最后邀请两位人力资源管理领域的专家、教授对翻译的量表进行讨论审核，力求量表准确且易于理解，保证其内容效度，具体题项见表 4.1。采用李克特（Likert）5 点量表进行评分，其中“1”表示“不符合”，“2”表示“比较不符合”，“3”表示“不确定”，“4”表示“比较符合”，“5”表示“符合”。

表 4.1　高绩效工作系统测量量表

维度	题　项	来源
内部职业机会	HPWS1 员工在组织中有清晰的职业发展路径； HPWS2 员工在这个公司工作没有什么发展前途（反向题项）； HPWS3 组织中上级了解员工在企业中的职业发展期望； HPWS4 员工在晋升中，组织可以有不止一个适合的职位来安排	Delery 和 Doty（1996）
培训	HPWS5 整体上看，组织为员工提供了全面的培训； HPWS6 组织每隔一段时间，就会为员工安排一次培训； HPWS7 组织有正式的培训项目来教授新员工工作中所需要的技能； HPWS8 为了提升员工的晋升能力，组织会为他们提供正式的培训项目	
结果导向的评价	HPWS9 在组织中，业绩通常是用客观的、量化的结果来衡量的； HPWS10 员工的绩效考核以客观的、量化的结果为基础	
工作参与	HPWS11 员工可以向公司提出改进工作方式的合理化建议； HPWS12 经理人员会与员工经常进行坦诚的沟通； HPWS13 在组织中，经理人员在决策过程中经常参考员工的意见； HPWS14 组织中的员工在许多情况下都可以决定自己的工作方式	
工作描述	HPWS15 组织对员工的工作职责有清晰的描述； HPWS16 很多时候，员工也需要负责工作职责之外的事情（反向题项）； HPWS17 员工的岗位职责说明书包括了需要员工承担的所有职责； HPWS18 必要时组织会及时修订员工的岗位职责说明书	
工作保障	HPWS19 只要员工愿意，员工就可以留在组织工作； HPWS20 对于组织来说，解雇员工是件很困难的事； HPWS21 组织能够保证员工工作的稳定性； HPWS22 如果组织遇到经济困难，裁员将是最后一个使用的办法	
利润分享	HPWS23 组织会根据盈利状况为员工分配奖金	

4.3.1.2　员工工作质量的操作化定义与测量

在第 3 章本研究给出了员工工作质量的操作化定义，即它是包含了一系列影响员工幸福感的工作特征的合并型多维构念。本章选取本研究自己开发的员工工作质量量表，采用李克特（Likert）5 点量表进行评分，其中“1”表示“不符合”，“2”表示“比较不符合”，“3”表示“不确定”，“4”表示“比较符合”，“5”表示“符合”。

表 4.2　员工工作质量测量量表

维度	题　项	来源
工作参与	JQ1 工作中合理化建议或想法经常被领导听取或采纳； JQ2 工作中合理化建议或想法经常被同事听取或采纳； JQ3 提出不满或者抱怨的过程中，不用担心会对自己造成不利影响； JQ4 如果有不满或者抱怨，很容易反映到有关部门或有关责任人	本研究开发
工作安全与健康	JQ5 工作中几乎没有发生过工伤事故； JQ6 工作中拥有完善的安全防护设备和安全防护措施； JQ7 工作不会造成职业病，比如尘肺病，职业放射性疾病，职业中毒，职业性皮肤病，职业性眼病，职业性肿瘤等； JQ8 工作环境中很少污染、粉尘、噪声、辐射等有毒有害物质	
人际关系	JQ9 在工作中与同事合作很愉快； JQ10 一起工作的同事能力强，素质高； JQ11 喜欢上级的领导方式； JQ12 上级领导很有水平	
员工和组织的关系	JQ13 为成为组织的一员而感到自豪； JQ14 当工作或生活遇到问题，可以获得组织的尽力帮助； JQ15 为成为工作团队的一员而感到自豪； JQ16 工作组织可以为员工的日常生活提供方便条件	
工作薪酬	JQ17 工资能够维持我和家人的基本生活； JQ18 工作的奖金令人满意； JQ19 工作的总体收入令人满意； JQ20 工作的福利令人满意	
个人发展	JQ21 工作中经常有培训和学习的机会； JQ22 工作能够提升能力和素质； JQ23 工作中的培训学习确实提升了能力和素质； JQ24 工作的前景很好	
工作负荷	JQ25 工作的班次安排令人满意； JQ26 工作节奏和速度令人满意； JQ27 工作的加班状况令人满意； JQ28 工作量的大小令人满意	

4.3.1.3　企业工会的操作化定义与测量

本研究中是否有工会是指该制造业企业中是否存在中华全国总工会的基层组织。在测量方面，本研究将其处理为虚拟变量，“1”表示企业有工会，“0”表示企业没有工会。

4.3.1.4　资本密度的操作化定义与测量

本研究中的资本密度是指企业生产过程中资本投入和劳动力投入的比值。考虑到数据可获取性和合理性，本研究中企业的资本密度由注册资本除以员工人数计算得来。鉴于样本中外资企业占大多数，企业注册资本采用的单位为美元，故资本密度的单位为美元/人。为了数据处理方便，将所得数据取对数后回归方程中，用以表示企业的资本密度。

4.3.1.5　控制变量

由第 2 章的文献综述可得，在企业层面，企业的性质、规模及成立年限会对员工工作质量产生影响；在个体层面，员工的性别、年龄、学历、户籍、岗位类型和合同类型会影响员工的工作质量，因此，本研究将上述变量选为控制变量。其中企业规模、成立年限处理成连续变量，企业性质、员工性别、年龄、学历、户籍、岗位类型处理成虚拟变量，具体赋值见表 4.3。

表 4.3　控制变量赋值

变量名称	变量赋值	变量名称	变量赋值
企业规模	lg（员工总数）	员工性别	女性=1，男性=0
成立年限	5 年以下=1 5~10 年（含 10 年）=2 10~15 年（含 15 年）=3 15~20 年（含 20 年）=4 20 年以上=5	员工年龄	新生代（1980 年及以后出生）=1 老一代（1980 年前出生）=0
企业性质	以私营企业为参照组： T1：国有企业=1，其他=0 T2：外资企业=1，其他=0 T3：合资企业=1，其他=0	员工受教育程度	以本科及以上为参照组： E1：高中毕业及以下=1，其他=0 E2：专科毕业=1，其他=0
		员工户籍类型	农村户口=1，非农村户口=0
		员工岗位类型	以管理岗位为参照组： P1：一线员工=1，其他=0 P2：技术岗位=1，其他=0
		员工劳动合同类型	长期合同=1，短期合同=0

4.3.2 问卷设计

依照研究目的与模型，本研究确定了各变量的测量方式后，对调查问卷进行了设计，包括问卷排版、问卷发放与回收方式的设计等。本研究共设计三份配对问卷，其中一份由企业董事长或总经理填答，内容主要为企业注册资本、员工人数、成立年限、企业性质，以下简称为雇主问卷；一份由人力资源经理或主管人力资源的高层填答，为企业高绩效工作系统调查问卷，以下简称为人力资源经理问卷；一份由员工填答，内容为工作质量题项、员工的性别、年龄、受教育程度、户籍类型、岗位类型及劳动合同类型等，以下简称为员工问卷。每份问卷都附有研究目的、填写说明等内容。为了消除调查对象的顾虑，问卷为匿名问卷，不涉及个人隐私，且无对错之分，同时还告知仅用于学术研究。每份问卷不会单独使用，而是作为整体的一部分进行统计分析。

本研究使用三方配对问卷避免了数据出现同源偏差问题。为了避免出现社会赞许性问题，设计问卷时，在人力资源经理问卷中设置了两个反向题项，同时打乱了高绩效工作系统测量量表的题项顺序，以此来隐匿题项意义；在员工问卷中，也同样打乱员工工作质量测量量表的题项顺序隐匿题项意义。

4.4 数据调查与分析

4.4.1 样本来源与描述

本章的数据与第3章进行验证性因子分析的数据为同一批数据。具体而言，2014年6月至7月，借助国家社会科学基金重点项目“我国企业劳动关系和谐指数构建与应用研究”（12AJY001），本研究获得了江苏省苏州市某经济技术开发区人力资源和社会保障局帮助，由其在开发区内随机选择了44家制造业企业进行问卷发放。由企业董事长或总经理填答雇主问卷，人力资源经理或主管人力资源的高管填答人力资源经理问卷，同时由人力资源管理部门在本企业内随机选择100名员工进行员工问卷发放。为了消除员工填答时的顾虑，每份员工问卷都放在已贴好双面胶的信封中，员工填答完毕后，将问卷重新放入信封中并封口交回。最后，企业人力资源管理部门将雇主问卷、人力资源经理问卷及员工问卷打包交给该开发区人力资源和社会保障局，后者通过快递寄回课题组。最终获得了44家企业的44份雇主问卷、44份人力资源经理问卷及 2 288 份员工问卷，其中雇主问卷及人力资源经理问卷全部有效，员工问卷有 1 631 份有效，具体的描述性统计见表 4. 4。

表 4. 4　样本描述性统计

员工描述性统计	企业描述性统计
性别（%）： 男性：51. 6 女性：48. 4	企业性质： 私营企业：11 外资企业：33
年龄（%）： 新生代：84. 3 老一代：15. 7	成立时间： 少于 5 年：4 5~10 年（包含 10 年）：12 11~15 年（包含 15 年）：18 16~20 年（包含 20 年）：6 超过 20 年：4
教育程度（%）： 高中及以下：26. 7 专科：34. 2 本科及以上：39. 1	
户籍类型（%） 农业户口　45. 9 非农业户口　54. 1	企业规模 少于 500 人　0 500~2000 人　26 多于 2000 人　18
岗位类型（%） 一线员工　31. 8 技术人员　37. 4 管理人员　30. 8	
劳动合同类型（%） 短期劳动合同　2. 6 长期劳动合同　97. 4	是否有工会 有工会　39 没有工会　5

4. 4. 2　信效度分析

本研究使用 Cronbach's α 值对各变量的信度水平进行检验。组合信度（CR）和平均变异数萃取量（AVE）对量表的效度进行检验。采用 SPSS 19. 0 和 Mplus 对 44 份人力资源经理数据进行分析，结果显示高绩效工作系统的 Cronbach's α 值为 0. 891，高于 0. 70 的最低标准；*CR* 值为 0. 970，高于 0. 7 的可接受门槛；*AVE* 值为 0. 565，大于 0. 5。对 1 631 份员工数据进行分析，结果显示工作报酬、工作安全与健康、工作负荷、员工和组织的关系、人际关系、个人发展和工作参与 7 个维度的 Cronbach's α 值在 0.79~0.93 之间，*CR* 值在 0.80~0.87 之间，*AVE* 值在 0.50~0.62 之间（详见第 3 章），均高于最低标准。结果显示量表的信效度良好。

4.4.3 假设检验

4.4.3.1 相关分析

本研究使用 SPSS 19.0 对员工层面的性别、年龄、受教育程度、岗位类型、户籍类型、劳动合同和工作质量，以及企业层面的企业性质、企业规模、成立年限、是否有工会、资本密度和高绩效工作系统的均值、方差和相关性进行了统计分析，结果如表 4.5 所示。

表 4.5 变量均值、方差及相关系数

变量	均值	标准差	1	2	3	4	5	6
员工层面：								
1. 性别	0.48	0.50						
2. 年龄	0.84	0.36	0.05					
3. 受教育程度	2.12	0.80	−0.02	−0.01				
4. 岗位类型	1.99	0.79	−0.01	−0.14**	0.55**			
5. 户籍类型	0.46	0.50	−0.05	0.19**	0.39**	0.34**		
6. 劳动合同	0.97	0.16	0.03	−0.01	0.07**	0.06*	−0.01	
7. 工作质量	4.07	0.48	−0.02	−0.03	0.05	0.02	−0.02	−0.01
企业层面：								
1. 企业性质	0.25	0.44						
2. 企业规模	3.23	0.32	0.10					
3. 成立年限	2.86	1.07	0.12	0.34*				
4. 是否有工会	0.89	0.32	0.21	0.03	0.02			
5. 资本密度	4.42	0.61	−0.13	−0.36*	−0.05	0.09		
6. 高绩效工作系统	4.35	0.40	0.05	0.17	0.26	−0.05	0.00	

注：N=44（企业层面），1 631（员工层面）；双尾检验：* p<0.05，** p<0.01。

4.4.3.2 假设检验

本研究使用 Mplus 7 对假设进行检验。所涉及的变量中，高绩效工作系统、企业工会和企业资本密度为企业层面变量，员工工作质量为个体层面变量。

本研究首先将个体层面和企业层面的控制变量，及企业工会和资本密度放入方程，构建了模型 M0。为了检验假设 1，即“高绩效工作系统对员工工作质量具有正向影响”，本研究在回归方程中加入了员工工作质量，构建了模型 M_1，结果如表 4.6 所示，高绩效工作系统正向影响员工工作质量，假设 1 得到了支持（$\gamma=0.51$，$p<0.001$）。

为了检验假设 2，即“相较于无工会企业，在有工会的企业中，高绩效工作系统对员工工作质量的正向影响更大”，本研究将虚拟化处理的是否有工会与高绩效工作系统的交互项放入方程，构建了模型 M_2。如表 4.6 所示，高绩效工作系统与是否有工会的交互项系数显著（$\gamma=0.48$，$p<0.01$）。为了更直观地展示工会的调节作用，本研究绘制了调节图。如图 4.2 所示，相较于没有工会的企业，在有工会的企业中高绩效工作系统对员工工作质量的正向影响更强，假设 2 得到了支持。

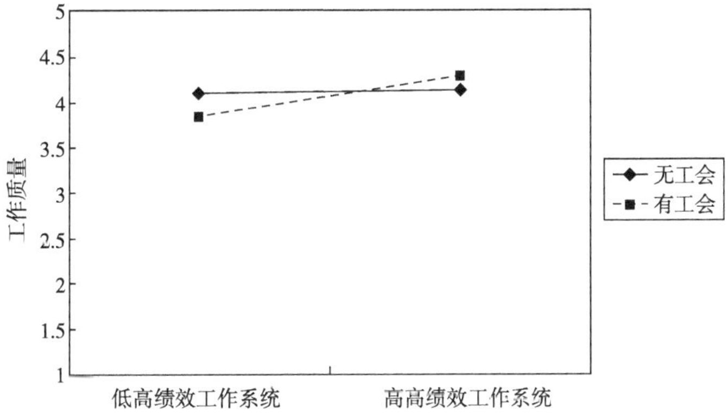

图 4.2　是否有工会的调节作用

同样的，为了检验假设 3 资本密度会调节高绩效工作系统与员工工作质量之间的关系，本研究将高绩效工作系统与资本密度交互项中心化后放入回归方程，构建了模型 M_3。如表 4.6 所示，高绩效工作系统与资本密度的交互项系数显著（$\gamma=0.24$，$p<0.05$），假设 3 得到了支持。为了更直观地展示资本密度的调节作用，本研究绘制了调节图。如图 4.3 所示，相较于低资本密度的企业，高资本密度企业中高绩效工作系统对员工工作质量的正向影响更强，假设 3 得到了支持。

表 4.6 多层回归结果

变量	员工工作质量					
	Model 0	Model 1	Model 2	Model 3	Model 4	Model 5
截距项	4.12*** (0.08)	4.11*** (0.09)	4.11*** (0.08)	4.12*** (0.08)	4.12*** (0.08)	4.15*** (0.08)
个体层面：						
性别	-0.02 (0.02)	-0.02 (0.02)	-0.02 (0.02)	-0.02 (0.02)	-0.02 (0.02)	-0.02 (0.02)
年龄	-0.03 (0.04)	-0.03 (0.04)	-0.03 (0.04)	-0.03 (0.04)	-0.03 (0.04)	-0.03 (0.04)
高中及以下	-0.02 (0.04)	-0.03 (0.04)	-0.03 (0.04)	-0.03 (0.04)	-0.03 (0.04)	-0.02 (0.04)
大专	-0.01 (0.02)	-0.01 (0.02)	-0.01 (0.02)	-0.01 (0.02)	-0.01 (0.02)	-0.01 (0.02)
农业户口	0.03 (0.02)	0.03 (0.02)	0.03 (0.02)	0.03 (0.02)	0.03 (0.02)	0.03 (0.02)
一线员工	-0.04 (0.03)	-0.03 (0.03)	-0.03 (0.03)	-0.03 (0.03)	-0.03 (0.03)	-0.03 (0.03)
技术人员	-0.01 (0.02)	-0.00 (0.02)	-0.00 (0.02)	-0.00 (0.02)	-0.00 (0.02)	-0.00 (0.02)
长期合同	-0.03 (0.06)	-0.02 (0.06)	-0.02 (0.06)	-0.02 (0.06)	-0.02 (0.06)	-0.02 (0.06)
企业层面：						
企业性质	0.20** (0.09)	0.13* (0.07)	0.13* (0.07)	0.12* (0.06)	0.12* (0.07)	0.12* (0.07)
企业规模	0.02 (0.13)	0.02 (0.09)	0.00 (0.09)	0.02 (0.09)	0.00 (0.09)	-0.02 (0.09)
成立年限	0.05 (0.04)	0.01 (0.03)	0.01 (0.03)	0.03 (0.03)	0.03 (0.03)	0.03 (0.03)
工会	-0.08 (0.08)	-0.05 (0.08)	-0.05 (0.07)	-0.06 (0.07)	-0.06 (0.06)	-0.09* (0.05)
资本密度	0.08 (0.08)	0.07 (0.05)	0.06*** (0.05)	0.06 (0.04)	0.05 (0.04)	0.14* (0.08)

续表

变量	员工工作质量					
	Model 0	Model 1	Model 2	Model 3	Model 4	Model 5
高绩效工作系统		0.51 *** (0.09)	0.06 (0.21)	0.51 *** (0.08)	0.16 (0.20)	0.68 *** (0.17)
交互项:						
高绩效工作系统×工会			0.48 ** (0.23)		0.38 * (0.21)	-0.15 (0.19)
高绩效工作系统×资本密度				**0.24 * (0.14)**	0.21 (0.13)	1.44 *** (0.33)
工会×资本密度						-0.10 (0.10)
高绩效工作系统×工会×资本密度						**-1.25 *** (0.37)**
方差分量:						
组内方差	0.14 *** (0.01)	0.14 *** (0.01)	0.14 *** (0.01)	0.14 *** (0.01)	0.14 *** (0.01)	0.14 *** (0.01)
组间方差	0.07 *** (0.02)	0.03 *** (0.01)	0.03 *** (0.01)	0.03 *** (0.01)	0.03 *** (0.01)	0.02 *** (0.01)

注：N=44（企业层面）；1 631（员工层面）。性别（0=男性，1=女性）。年龄（0=老一代，1=新生代）。户籍（0=非农业户口，1=农业户口）。劳动合同（0=短期合同，1=长期合同）。工会（0=无工会，1=有工会）。双尾检验：* $p<0.05$，** $p<0.01$，*** $p<0.001$。

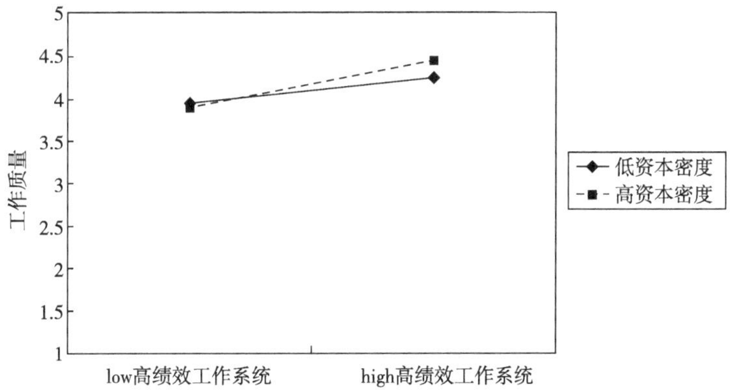

图 4.3　资本密度的调节作用

依据 Lam 等（2019）建议，对假设 4，即“工会和资本密度联合调节高绩效工作系统与员工工作质量之间关系”的检验应该分为三步：第一步，检验工会、资本密度和高绩效工作系统三项交互项是否显著；第二步，检验有工会且高资本密度的简单斜率是否显著；第三步，检验有工会且高资本密度的简单斜率与其他三个关系较弱的简单斜率（没有工会但高资本密度，有工会但低资本密度，无工会且低资本密度）之间是否有统计学上的差异。

在检验的第一步，本研究先将高绩效工作系统与工会交互项和中心化处理后的高绩效工作系统与资本密度交互项同时放入方程，构建了模型 M_4；接着我们又在模型 M_4 基础上，加入了工会与资本密度交互项和三者交互项放入方程，构建了模型 M_5，结果显示三项交互项显著（$\gamma=-1.25$，$p<0.001$），表明高绩效工作系统、工会和资本密度三项交互会对员工工作质量产生影响。

在检验的第二步，本研究绘制了调节图示计算简单斜率（Simple Slope），但只有没有工会但高资本密度的简单斜率显著，结果如图 4.4 和表 4.7 所示。

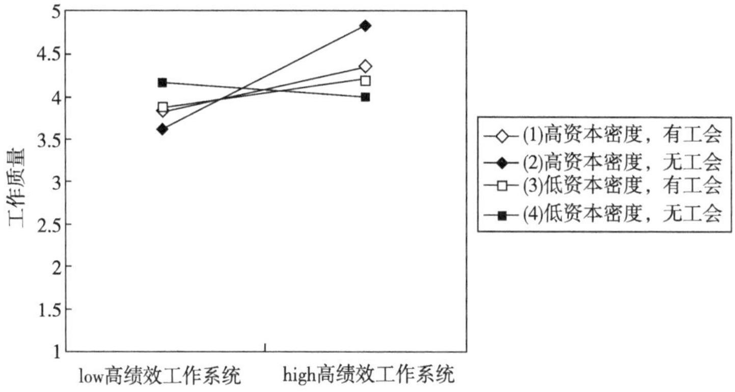

图 4.4　工会与资本密度的联合调节作用

表 4.7　简单斜率结果

	Slope 1	Slope 2	Slope 3	Slope 4
简单斜率	0.641	1.511	0.417	-0.211
p 值	0.456	0.001	0.612	0.620

虽然在第二步中有工会且高资本密度的简单斜率不显著，但鉴于没有工会但高资本密度的简单斜率显著，本研究继续进行了第三步简单斜率差分析（simple slope difference tests），结果显示没有工会但高资本密度的简单斜率与其他三个简单斜率具有统计上的差异（表 4.8），假设 4 得到部分支持，即工

会和资本密度对高绩效工作系统和员工工作质量之间起联合调节作用，但是在没有工会且高资本密度时，高绩效工作系统和员工工作质量的正向作用最强。

表 4.8　简单斜率差分析结果

Pair of slopes	Slope difference	t-value	p-value	95% Confidence interval
(1) 和 (2)	-0.870	-2.032	0.042	(-1.710, -0.031)
(1) 和 (3)	0.224	0.411	0.681	(-0.846, 1.294)
(1) 和 (4)	0.852	1.432	0.152	(-0.314, 2.017)
(2) 和 (3)	1.095	2.009	0.045	(0.027, 2.163)
(2) 和 (4)	1.722	6.175	0.000	(1.175, 2.269)
(3) 和 (4)	0.627	1.546	0.122	(-0.168, 1.422)

4.5　研究结果讨论

第 3 章通过扎根理论开发出员工工作质量测量量表，本章继续探讨在我国制造业企业中员工工作质量的前因变量——高绩效工作系统，探究工会、资本密度对二者关系的调节作用，并进一步揭示工会和资本密度对高绩效工作系统和员工工作质量间关系的联合调节作用。本研究的假设 1~4 的检验结果如表 4.9 所示。

表 4.9　假设检验结果汇总

假设	内　容	结果
假设 1	在制造业企业中，高绩效工作系统对员工工作质量具有显著的正向影响	支持
假设 2	在制造业企业中，工会在高绩效工作系统与员工工作质量之间起调节作用。具体而言，相较于没有工会的企业，在有工会的企业中，高绩效工作系统与员工工作质量之间的正向关系更强	支持
假设 3	在制造业企业中，资本密度在高绩效工作系统与员工工作质量之间起调节作用。具体而言，资本密度越高，高绩效工作系统与员工工作质量之间的正向关系越强	支持
假设 4	在制造业企业中，工会和资本密度在高绩效工作系统与员工工作质量之间起联合调节作用。具体而言，相较于有工会但资本密度低、无工会但资本密度高和无工会且资本密度低，当企业中有工会且资本密度高时，高绩效工作系统与员工工作质量之间的正向关系最强	部分支持

4.5.1 高绩效工作系统对员工工作质量的影响

本研究的数据结果支持了假设1“在制造业企业中，高绩效工作系统对员工工作质量具有显著的正向影响”，这与Lowe（2001）、Osterman（2013）、Carvalho和Chambel（2014）等研究结论基本一致。Lowe（2001）对加拿大工作场所进行的研究表明，高绩效工作系统通过加强以团队为基础的工作、设计灵活的工作方式、致力于培训和学习、鼓励雇员参与工作场所、分享奖励和信息、提高员工的福利及鼓励主管和部门经理支持员工等方式提高工作质量。Osterman（2013）指出，高绩效工作系统可以改变传统单调的工作内容，完成工作质量的改善。Carvalho和Chambel（2014）使用工作要求—控制—支持模型（JDCS Model），发现高绩效工作系统可以降低员工的工作负荷和基本工作时间等工作要求，增强员工工作控制，获得更多的上级支持。但Green等（2016）指出，高绩效工作系统虽然常常有益于工作质量，却并不总是有利，这可能是由于高绩效工作系统以控制为导向的方面可能会增加员工工作负荷（Chen等，2017）。本研究基于工作要求—资源理论提出，高绩效工作系统中广泛的招聘、全面的培训、鼓励员工参与、分享信息、提高薪酬待遇等可以为员工工作质量提供工作资源，其可能带来较高的工作负荷和较长的工作时间等工作要求，而对工作的控制、上级及组织的支持和自身的人力资本等工作资源都可以帮助员工应对这些工作要求，有效缓解工作要求可能给员工工作质量带来的不利影响。

Burgess和Connell（2008）指出，对员工工作质量的研究主要集中在分析大规模的员工调查数据来报告国家或者行业在工作质量方面的发展，很少有研究系统地将战略人力资源管理与工作质量联系起来。但在组织层面，战略人力资源管理对于实现组织的战略目标扮演着重要角色，探究如何以实现组织目标的方式利用员工能力，同时提高员工福利就变得尤为重要。而高绩效工作系统的研究也主要集中在其对企业绩效的作用机制上，学者们呼吁“一个更加平衡的视角”，在探究高绩效工作系统如何帮助组织实现战略目标的同时关注员工的福利（Fan等，2014；Kloutsiniotis和Mihail，2019）。本研究建立了高绩效工作系统和员工质量之间的联系，回应了高绩效工作系统和员工工作质量研究的缺口，同时通过数据分析对高绩效工作系统对员工工作质量的正向影响进行了验证，丰富了相关的实证研究。

4.5.2 工会的调节作用

在假设1的基础上，本研究引入了工会这个调节变量，数据结果支持了假设2，即在制造业，相较于没有工会的企业，在有工会的企业中，高绩效工作系统与员工工作质量之间的正向关系更强。本研究的数据结果支持了以Kochan（1995）为代表的认为工会和高绩效工作系统利益相容的观点，Machin和Wood（2005）及Verma（2017）等也指出，工会和高绩效工作系统在员工参与和话语权、培训、内部晋升、工作场所安全和健康等方面具有一致的利益，二者会互相促进。这与Liu等（2009）和Shin（2014）等工会与高绩效工作系统之间存在替代竞争关系的观点不同。出现该现象的原因可能有：一是以往研究是在组织层面探究工会和高绩效工作系统之间的关系，研究二者之间利益是否相容，做法是否一致。本研究重点考察的是工会对高绩效工作系统和员工工作质量之间关系的调节作用，如工会可以缓解高绩效工作系统可能给员工带来的工作负荷等消极影响，但对提高薪酬等有益于员工的人力资源管理实践会积极支持。也就是说，即使工会和高绩效工作系统之间存在做法方面的分歧，最终受益者仍然是员工。二是可能由于中国工会是“弱工会”且受儒家传统文化影响，中国工会对企业采用高绩效工作系统更可能抱有支持的态度，积极配合企业的各项措施，使得高绩效工作系统可以发挥更大的效果。

目前关于工会和高绩效工作系统之间关系的研究主要集中在工会是否以及如何影响高绩效工作系统的采用和实施，或者高绩效工作系统是否以及如何影响组织中的工会组织和工会职能，鲜有研究探讨高绩效工作系统和工会如何影响员工层面的工作结果（Chen等，2017）。Chen等（2017）的研究表明工会的工具性可以调节高绩效工作系统和员工离职倾向之间的关系，当工会工具性比较低时，高绩效工作系统和离职倾向之间正相关。本研究考量了工会是否可以增强高绩效工作系统与员工工作质量之间的正向关系，发现在有工会的制造业企业中，二者正向关系更强，这一结论弥补了这个研究缺口。

在员工工作质量的研究中，本研究侧面支持了Kalleberg等（2000）、Green（2013）及Hoque等（2017）的观点，即在工会化的工作场所中员工工作质量更高；与Green等（2016）和Mustosmäki等（2017）等认为的随着工会的影响力日益下降，无法避免员工工作质量的下降的观点不太一致。本研究指出，即使工会的影响力在减弱，但是至少它可以配合高绩效工作系统共同提高员工的工作质量，比如工会能以集体代言人的身份向企业传递哪些人力资源管理实践更加有用。本研究是对工会与员工工作质量关系研究的一种补充和中国情境检验。

假设2的结论也同Ge（2007）、胡恩华等（2016）和靳卫东、崔亚东

(2019) 等共同证明了中国工会并非被质疑的那样没有作为，它在企业中发挥着一定的作用。Ge (2007) 运用大型微观数据集对中国工会组织的活动和效率进行了调查，发现工会的存在与否与平均工资和福利水平、生产力、研发投资和人力资本投资呈正相关，但与企业盈利能力呈负相关。胡恩华等(2016) 对定向爬虫工具采集的数据运用扎根理论方法进行编码分析，得出中国工会的多元化角色在劳动关系管理实践中发挥着积极作用。靳卫东、崔亚东 (2019) 也表明，中国工会正在实现角色回归，显著改善了员工权益。本研究丰富了对中国工会的实证研究，利用调查数据证明了中国工会在劳动关系中确实发挥着作用。

4.5.3 资本密度的调节作用

本研究同时引入了调节变量——资本密度，假设 3 的数据结果支持了它在制造业企业中对高绩效工作系统与员工工作质量关系的调节作用。现有文献探讨了资本密度是否以及如何影响高绩效工作系统的采用和实施，但并未得到一致的结论。Huselid 等 (1997) 表示，当资本密度比较高时，企业更愿意采用高绩效工作系统；苏中兴 (2010) 也指出，在劳动密集型的低端制造业中，因为对员工的技能要求比较低，企业更倾向于采用传统的人力资源管理办法。Datta 等 (2005) 的研究表明，在低资本密度的企业中，高绩效工作系统的作用效果更好。但本研究假设 3 的结果表明，在制造业企业中资本密度越高，高绩效工作系统与员工工作质量的正向关系越强，与 Datta 等(2005) 的结论不一致。其可能是原因是：Datta 等 (2005) 主要探讨的是在不同资本密度的企业中，高绩效工作系统对企业绩效的作用效果。他们认为在低资本密度的企业中，员工在企业绩效中发挥着更主要的作用，而高绩效工作系统是通过优化员工的知识、技能和能力、动机和机会等方式来提高组织绩效的，因此在低资本密度企业中，实施高绩效工作系统对企业绩效的提升更加明显；而在高资本密度的企业中，企业绩效更多的受任务结构化的程度和生产技术的自动化程度制约，所以采用高绩效工作系统对企业绩效的提升有限。而本研究探讨的是在不同资本密度的制造业企业中，高绩效工作系统对员工个体工作质量的影响。在高资本密度的制造业企业中，员工的技能水平普遍较高，对工作的关系和发展维度要求更高，需要更多的培训、工作参与和信息分享等，而高绩效工作系统可以更好地满足高技能员工的需求，因此对员工工作质量的提升更加的明显。鲜有研究探讨企业资本密度对能否增强或减弱高绩效工作系统对员工层面的影响，本研究的实证检验填补了这个空白点。

另外，Kaufman 和 Miller（2011）指出，不同资本密度的企业在人力资源管理上的人均支出不同，高资本密度的企业会给予员工更多的投资，为了留住高技能员工，他们更强调高绩效工作系统双赢的一面，更有利于员工工作质量的提升。而相对而言，在低资本密度的制造业企业中，企业引入高绩效工作系统更强调其高控制的一面，这可能会减弱高绩效工作系统对员工工作质量的积极作用。本研究则进一步丰富了对高绩效工作系统权变因素的影响的探讨。

4.5.4　工会和资本密度的联合调节作用

本研究的假设 4 只得到了部分支持，也就是在制造业企业中，工会和资本密度在高绩效工作系统与员工工作质量之间起联合调节作用，但却不是在有工会且资本密度高时二者的正向关系最强，而是在无工会且资本密度高时二者的正向关系最强。在假设 2 与假设 3 中，本研究已经得到结论，即在制造业企业中，当企业有工会时，高绩效工作系统对员工工作质量之间正向关系更强；及企业的资本密度越高，高绩效工作系统与员工工作质量的正向关系越强。假设 4 的结论说明了工会和资本密度的联合调节作用比预计的更加复杂。

本研究推测，相较于有工会但资本密度高的制造业企业，无工会但资本密度高的企业中高绩效工作系统对员工工作质量正向影响更强，原因有：从员工角度而言，第一，工会可以提高员工对工作质量负面因素的意识，且高资本密度的制造业企业中员工的技能更强，人力资本更高，他们对实施高绩效工作系统可能带来的工作时间和工作负荷的增加更为敏感。第二，在有工会时，高素质的员工对工作质量有更高的要求，他们在对工作进行评价时，可能会采用比没有工会时更加严格的标准。第三，不同技能的员工从工会中获益不同（李明、徐建炜，2014），高技能职工加入工会后获益较少，中国工会只能保障员工的“底线型权益”，无法保障员工“增长型权益”（孙中伟、贺霞旭，2012）。高资本密度的制造业企业强调高绩效工作系统双赢的一面，对最低工资标准、最长工作时间、职业卫生与安全等劳动法规内容执行较好，保障了员工的“底线型权益”。在“底线型权益”被满足后，高技能员工对“增长型权益”需求更大，因此，可能会对工会产生不满，降低工作质量。

从企业角度而言，在高资本密度的制造业企业，其雇佣的员工技能更高，人力成本也更高，而工会倾向于要求增加工资，进一步增加了企业的人力成本，因此企业倾向于采用高绩效工作系统来代替工会，二者之间的竞争替代会减弱高绩效工作系统对员工工作质量的影响。而在我国情境中，中国工会在维护员工权益同时，也会维护企业利益。就企业与员工争夺的核心利益工资而言，工会可以保障企业执行最低工资标准，但并不干涉工资的增长，甚至有时会帮助企业说服员工接受较低的工资等（孙中伟、贺霞旭，2012）。

而相较于有工会但资本密度低的制造业企业，无工会但资本密度高的制造业企业中的高绩效工作系统对员工工作质量正向作用更强的原因可能有：第一，高资本密度的制造业企业更重视高绩效工作系统双赢的承诺，更加善待员工，期望通过提高员工技能、知识及员工对企业的承诺和信任等方式提高绩效。虽然没有工会，但高绩效工作系统依旧可以保障员工的基本利益。而在低资本密度的制造业企业中，企业实施高绩效工作系统更可能以利润为导向，强调其高控制的一面。虽然工会可以维护员工的基本利益，但中国工会对企业的财务依赖决定了它反对能力有限。第二，正如前文所述，工会可以提高员工对工作负面影响的意识，也会提高员工对工作质量的判定标准，而低资本密度制造业企业对高绩效工作系统高控制的强调，也会减弱其对高绩效工作系统与员工工作质量的正向影响。

与无工会且资本密度低的制造业企业相比，在无工会但资本密度高的制造业企业中，高绩效工作系统对员工工作质量正向作用更强的原因比较明显。高资本密度制造业企业更可能强调高绩效工作系统可以使企业和员工双赢，而低资本密度制造业企业更倾向于强调高绩效工作系统的利润导向和高控制，这会给员工带来更多的工作要求，损害了员工的工作质量。

需要注意的是，在无工会且资本密度低的制造业企业中，高绩效工作系统与员工工作质量负相关。高绩效工作系统的利润导向和高控制会对员工工作质量不利，且没有工会代表员工的利益，代替员工争取自身权益，最终使得企业实施高绩效工作系统降低了员工的工作质量。这与 Ge（2007）的看法一致，在没有工会组织的工作场所，因为根本没有代表他们利益的劳动机构，员工可能受到的保护明显较少。而比较无工会且资本密度低和有工会且资本密度低的制造业企业，工会在低资本密度的制造业企业中发挥着重要作用，这也再次印证了中国工会确实在劳动关系中发挥着作用。总体比较工会和资本密度四种组合方式下高绩效工作系统与员工工作质量正向关系的强弱，发现中国工会可能在保障员工“底线型权益”中作用更大，但在保障员工“增长型权益”方面作用较小，这与孙中伟、贺霞旭（2012）等研究结论一致。同时，中国工会对低技能员工帮助更大，这与中国工会可以督促企业执行工资高于最低工资标准、低于最长工作时间和社会保险等有关。而高技能员工的人力资本更高，最基本的工作权益可以保障，他们更期望工会可以帮助其实现工资增长等权益，而中国工会在这方面作用有限，因此对高技能员工帮助有限。这与李明、徐建炜（2014）的不同技能的员工从工会中获益不同的研究结论一致。本研究是对高绩效工作系统权变因素研究的补充，丰富了中国工会实证研究，也是对员工工作质量前因变量的补充。

第5章　研究展望

本研究主要探究了三个问题，第一个是中国情境下企业员工工作质量如何测量；第二个是制造业企业中高绩效工作系统如何影响员工工作质量；第三个是在制造业企业中，高绩效工作系统和员工工作质量之间关系的权变因素，具体而言是指企业工会和资本密度对二者的关系是否有单独和联合调节作用。在文献回顾的基础上，本研究进行了中国情境下员工工作质量量表开发，并构建了包含高绩效工作系统、员工工作质量、企业工会和资本密度的理论模型，提出相关假设并进行了检验。本章将对研究结论进行总结，对研究的理论意义和实践意义进行探讨，并反思研究局限和不足，对未来的研究方向进行展望。

5.1　研究结论

本研究采用质性研究与量化研究相结合的方式对三个主要研究问题进行了系统的分析，并得到以下成果：

（1）开发出中国情境下企业员工工作质量测量量表

本研究使用38份访谈文本，采用扎根理论的编码程序，构建出中国情境下员工工作质量的概念模型，即工作报酬、工作安全与健康、工作负荷、员工和组织的关系、人际关系、个人发展、工作参与和工作稳定性8个核心范畴共同构成了员工工作质量这个中心范畴。根据此概念模型，本研究生成了对应8个维度的31题项员工工作质量预测量表，通过探索性因素分析，得到了一个由工作报酬、工作安全与健康、工作负荷、员工和组织的关系、人际关系、个人发展和工作参与7个维度组成的28个题项的员工工作质量测量量表。在明确了员工工作质量是合并型多维构念的基础上，本研究从理论出发对其各个维度赋予了相同的权重，最后对该量表进行了验证性因素分析，确认该量表通过了检验。

（2）员工工作质量的测量量表中含有特色维度——员工和组织的关系

在构建出中国情境下员工工作质量概念模型后，本研究将其各维度与现有文献进行了对比分析，识别出尚未在已有员工工作质量测量量表中出现的维度——员工和组织的关系。在后续的量表开发过程中，该维度通过了检验，被保留在员工工作质量测量量表中。在西方情境中，员工和组织之间的交换关系相对单纯，员工对组织的依赖较小。在社会主义市场经济型的中国情境下，员工无法完全通过个人力量在市场上平等地获取教育、医疗和住房等资源，有时不得不依靠组织来获得短缺资源以满足自身需求。员工与组织之间的资源和依赖的关系较市场经济社会更为复杂，员工与组织之间交换更全面，员工对组织的依赖也更全面（李汉林、李路路，1999）。同时，受计划经济时代单位制和科层制影响（潘玉巧，2007），以及在“家文化”和“人情味社会”等传统文化的熏陶下，中国员工对组织归属感和组织认同感的需求更加强烈，更重视工作中自己与组织之间的关系，因此，员工和组织的关系也就成为构成员工工作质量的重要因素之一。

（3）在制造业企业中，高绩效工作系统对员工工作质量具有显著的正向影响

员工工作质量关乎员工个体和集体的福祉，如何在组织内提高员工工作质量就成了研究的焦点。高绩效工作系统是通过提高员工的人力资本来帮助组织获得竞争优势和绩效改善的，该过程隐含了员工对于组织的重要性（Burgess 和 Connell，2008），但却少有研究探讨其对员工工作质量的影响。Combs 等（2006）的元分析表明高绩效工作系统在制造业企业中的实施效果显著优于服务业企业，因此本研究聚焦于制造业企业中高绩效工作系统对员工工作质量的影响。基于工作要求—资源理论，本研究提出高绩效工作系统可能增加员工的工作负荷和工作时间，给员工带来更高的工作要求；但也能给予员工更多的工作资源，这些工作资源可以有效地缓解工作要求的负面影响，消除高工作要求对员工工作质量的负面影响。更多的，高绩效工作系统中包含的高工作资源能给员工带来更高、更公平的报酬，更安全的工作环境，良好的员工和组织的关系以及人际关系，有规划的个人发展和较高的工作参与，对员工工作质量具有积极影响。通过对江苏省苏州市某经济技术开发区 44 家制造业企业的雇主、人力资源经理和 1 631 个员工的三方配对问卷进行数据分析，得到结论：在制造业企业中，高绩效工作系统对员工工作质量具有显著正向影响。

（4）在制造业企业中，工会在高绩效工作系统与员工工作质量之间起调节作用

推进高绩效工作系统研究的一个重要途径就是探究它的各种作用情境（Combs 等，2006），企业工会可以影响高绩效工作系统的采用和实施

(Kochan, 1995; Liu 等, 2009), 也会对员工工作质量产生影响 (Bryson 等, 2017), 它是企业中重要的情境变量, 但鲜有研究探讨工会在高绩效工作系统与个体层面变量之间的调节作用。不同于西方工会的“垄断面孔”和“代言人面孔”(Freeman 和 Medoff, 1984), 中国工会的角色更加的多元化 (Lu 等, 2010), 这也使它在保护员工权益方面的有效性备受质疑 (Budd 等, 2014), 本研究将工会作为情境变量引入, 探究其在高绩效工作系统与员工工作质量之间的作用。基于工作要求—资源理论, 本研究提出有工会的制造业企业, 工会将积极配合高绩效工作系统的培训、工作参与、内部晋升等人力资源管理实践, 为员工带来更多的工作资源; 同时也会阻止或者减缓高绩效工作系统可能带给员工的高工作负荷等负面影响。而没有工会的制造业企业, 则缺少上述工会对高绩效工作系统的配合及纠正。换而言之, 相较于没有工会的制造业企业, 在有工会的企业高绩效工作系统给予员工的工作资源会增加, 但工作要求却会减少。本研究使用实证数据对其进行了检验, 结果显示, 在制造业企业中, 工会在高绩效工作系统与员工工作质量之间起调节作用, 即相较于没有工会的企业, 有工会的企业中的高绩效工作系统与员工工作质量的正向关系更强。

(5) 在制造业企业中, 资本密度在高绩效工作系统与员工工作质量之间起调节作用

资本密度同样作为调节变量被引入模型, 本研究提出高资本密度的制造业企业在实施高绩效工作系统时更强调其双赢的一面, 更倾向于给予员工高质量的工作体验, 以获得组织绩效的提升, 员工能够获得更多的工作资源。且高资本密度的制造业企业中员工的人力资本更高, 能够更轻松地应对工作要求, 此时高绩效工作系统对员工工作质量的提升更加明显。而低资本密度的制造业企业会强调高绩效工作系统高控制的一面, 强调其会增加员工的工作要求; 且低资本密度的制造业企业中员工人力资本相对较低, 应对工作要求更加困难, 这就稀释了高绩效工作系统对员工的正向影响。实证数据也表明, 在制造业企业中, 资本密度在高绩效工作系统与员工工作质量之间起调节作用, 即资本密度越高, 高绩效工作系统与员工工作质量的正向关系越强。

(6) 在制造业企业中, 工会和资本密度在高绩效工作系统与员工工作质量之间起联合调节作用

在探讨了工会和企业资本密度在高绩效工作系统与员工工作质量之间关系的调节作用后, 本研究进一步讨论了更为复杂的情境, 探讨了工会和资本密度的联合调节作用, 得到了结论: 在制造业企业中, 工会和资本密度在高绩效工作系统与员工工作质量之间起联合调节作用; 具体而言, 当企业中没

有工会但资本密度高时，高绩效工作系统与员工工作质量的正向关系最强。相较于没有工会但资本密度高的制造业企业，当企业有工会且资本密度高时，虽然它们同样强调高绩效工作系统双赢的一面，但由于工会的存在，员工对工作质量负面因素更为敏感，衡量工作质量的标准更加严格，有更多的“增长型权益”需求。而中国工会只能保障员工的“底线型权益”，无法保障员工“增长型权益”（孙中伟、贺霞旭，2012），这就会削弱高绩效工作系统对员工工作质量的正向影响。当企业有工会但资本密度低时，实施高绩效工作系统时更强调其控制的一面，但此时工会能够保障员工的最基本权益，能适当缓解高绩效工作系统对员工工作质量不利的一面。当企业没有工会且资本密度低时，它们会强调高绩效工作系统的利润导向和高控制的一面，且没有能够代表员工利益的组织，此时高绩效工作系统对员工工作质量的正向影响最弱。而在联合调节图示中，高绩效工作系统与员工工作质量负向相关，虽然简单斜率不显著，但也说明在没有工会且资本密度低的制造业企业中，高绩效工作系统对员工工作质量可能为负向影响。

5.2　理论贡献

（1）确认了员工工作质量多维构念类型，为后续研究厘清了定义

现有文献只指出员工工作质量是复杂的多维度概念，Jencks 等（1988）、Boccuzzo 和 Gianecchini（2015）和明娟、王明亮（2015）等学者都指出工作质量是其各个维度的加权平均数，却并未明确员工工作质量具体的多维构念类型。对构念进行清晰准确的界定是后续测量的基础。本研究依据已有文献明确了员工工作质量是合并型多维构念，它是自己各个维度的线性函数，并给出了员工工作质量的操作化定义，即它是合并型多维度构念，包含了一系列影响员工幸福感的工作特征，这为后续的相关研究提供了准确的定义。

（2）开发了中国情境下企业员工工作质量量表，为后续研究奠定了测量基础

现有文献中的工作质量量表在指标的代表性、个体层面可操作性、测量指标的层次等多方面存在不足（Munoz de Bustillo 等，2011；Cazes 等，2015；Tremblay，2018）。工作是嵌入在政治、经济和文化环境中的，不同国家员工对“好工作”有着不同的认知，但现有量表大都是以发达国家为背景开发的，并不完全适用于中国情境。反观国内对工作质量的研究又主要集中于大学毕业生和农民工两大群体（赵蒙成，2016；李善乐，2017；朱慧劼、风笑天，2019），测量量表的普适性值得商榷。可靠的测量量表是后续研究的基础，本

研究通过深度访谈和小组访谈的方式获得38个文本资料，采用扎根理论编码程序和实证检验等量表开发程序，得到一个7维度28题项工作质量量表。该量表是基于中国情境且面向员工个体的，它是对Munoz de Bustillo等（2011）面向员工结合理论的工作质量测量开发呼吁的回应，也为后续对我国员工工作质量的研究奠定了测量基础。

（3）识别了特色维度“员工和组织的关系”，完善了员工工作质量的测量维度

在中国情境下员工工作质量模型构建中，本研究识别出员工和组织的关系这一维度；通过后续量表开发程序的检验，该维度通过了测试，被保留在员工工作质量测量量表中。通过和现有文献比对，发现员工和组织的关系这个维度并未出现在已有的员工工作质量测量量表中。在我国社会主义市场经济中，员工与组织之间的资源依赖的关系更加复杂，员工与组织之间的交换更全面，员工对组织的依赖也更全面（李汉林、李路路，1999）。同时，受计划经济时代单位制和科层制的影响（潘玉巧，2007），以及在“家文化”和“人情味社会”等传统文化影响下，中国员工也更重视工作中自己与组织之间的关系。因此，在中国情境下，员工和组织的关系是员工工作质量的重要维度，这一特色维度的识别是对现有员工工作质量测量量表的完善。

（4）验证了制造业企业中高绩效工作系统对员工工作质量的影响，丰富了员工工作质量的前因变量

员工工作质量能够影响员工的健康和幸福感，进而影响组织绩效和国家经济（Warhurst，2015），探究如何在组织内提高员工工作质量，对员工、组织和社会有着重要的意义（Burgess和Connell，2008）。而高绩效工作系统意识到宝贵的员工资源可以为组织提供竞争优势和绩效改善（Huselid，1995），但现有研究对高绩效工作系统如何影响员工工作质量并未得到一致的结论。大部分学者认为，高绩效工作系统对员工工作质量具有积极影响（Lowe，2001；Osterman，2013；Carvalho和Chambel，2014），但也有学者认为高绩效工作系统会增加员工的工作负荷和工作时间，它对员工工作质量并不总是有利的（Green等，2016；Chen等，2017）。本研究的结果表明，在中国制造业企业中，高绩效工作系统对员工工作质量具有显著的正向影响。这一结论丰富了对员工工作质量前因变量的探究。本研究采用工作要求—资源理论阐释了高绩效工作系统虽然可能给员工带来高工作要求，但它给予员工的高工作资源可以有效缓解高工作要求提高带来的消极影响，并提高员工工作质量。这一结果也丰富了高绩效工作系统对员工个体层面变量的影响研究。已有学者批评现有的研究过多地关注高绩效工作系统对组织的影响，却忽略了其对

员工个体福利的影响（Boselie 等，2005；Zhang 等，2013）。本研究证明了在制造业企业中高绩效工作系统在为组织带来绩效改善和竞争优势的同时，也能提高员工工作质量。

（5）检验了工会和资本密度的权变影响，明确了高绩效工作系统与员工工作质量的作用边界

权变观认为高绩效工作系统的作用效果会受到情境因素的影响（Datta 等，2005），且推进高绩效工作系统研究的一个重要途径就是探究它的各种作用情境（Combs 等，2006）。本研究首先探究了企业工会对高绩效工作系统与员工工作质量之间关系的影响，得到在制造业企业中，相较于没有工会的企业，有工会的企业中高绩效工作系统与员工工作质量之间正向关系更强。这一结论一方面丰富了高绩效工作系统对员工工作质量影响的权变因素，另一方面也丰富了中国工会的作用路径和作用效果的研究。现有的关于二者的研究主要集中在工会对高绩效工作系统的采用和实施的影响，以及高绩效工作系统是否以及如何影响工会上，少有研究探讨工会是否增加或者限制高绩效工作系统对员工个体的影响，而本研究正是对该空白点的补充。同时，这一研究结果同 Ge（2007）、胡恩华等（2016）和靳卫东、崔亚东（2019）等学者的研究一样，证实了中国工会并非如被质疑的那样毫无作为，它在企业中可以起到为员工谋福利的作用。

本研究还探索了在制造业企业中，资本密度对高绩效工作系统与员工工作质量之间关系的调节作用，发现资本密度越高，高绩效工作系统与员工工作质量的正向关系越强。现有研究仅分析了资本密度对高绩效工作系统和组织绩效之间的调节作用，还并未得到一致结论。Huselid 等（1997）和苏中兴（2010）认为，高资本密度的企业更愿意采用高绩效工作系统且此时效果更佳，但 Datta 等（2005）却指出高绩效工作系统在低资本密度的企业中更有效。鲜有研究探讨资本密度在高绩效工作系统与员工个体层面变量之间关系的调节作用，本研究则填补了这一空白。

（6）研究了工会和资本密度对高绩效工作系统与员工工作质量之间的联合调节作用，丰富了三项交互的实证研究

在探讨工会和资本密度单独的调节作用基础上，本研究进一步探究了它们的联合调节作用，发现在没有工会且资本密度高的制造业企业中高绩效工作系统与员工工作质量的正向作用最强。而在前文分别对工会和资本密度进行讨论时，研究结论为：在有工会或资本密度越高时，高绩效工作系统与员工工作质量之间的正向关系更强，当同时考虑二者的影响时，结果变得更为复杂了。Lam 等（2019）提出在一项研究中，比起单独使用双项交互考察两

个调节变量的作用，使用三项交互同时考虑两个调节变量的作用探索出的权变因素更有效。他们还鼓励亚洲管理学者对三项交互进行深入研究，并提出了三种三项交互模型。本研究不仅丰富了高绩效工作系统与员工工作质量之间的复杂边界研究，也丰富了联合调节作用类型的三项交互的实证研究。

5.3 管理启示

（1）为企业提高员工工作质量提供借鉴

员工是企业的重要资本，如何留住员工并激励其提升绩效、端正态度，一直是企业日常管理的重点和难点，为员工提供高质量的工作来换取员工的信任和努力就成了该问题的解决路径。员工工作质量不仅关乎其个人健康和幸福感，还会进一步影响企业绩效和国家经济。在日常管理中，企业可以通过给予员工合理公平的薪酬，注重工作安全与健康，给员工合理的工作负荷，授予员工更多参与机会，重视员工个人的发展，同时为员工营造良好的人际关系氛围，给予员工扶持和帮助，以改善员工和组织之间关系等途径来帮助员工提高工作质量。

（2）为企业采用及实施高绩效工作系统提供建议

一般而言，企业采用高绩效工作系统可以提高员工工作质量，但要注意企业不应该过分强调高绩效工作系统高控制的一面，应该以实现企业和员工双赢为目的。以利润为导向引入高绩效工作系统可能会给员工带来过高的工作负荷和工作时间，给员工工作质量造成不利影响，长此以往，最终会损害企业绩效。同时，企业在采用和实施高绩效工作系统时，应该结合资本密度、是否有企业工会等自身的外部条件和内部条件，盲目跟风可能会适得其反。

企业还可以通过组建工会的方式提高员工工作质量。在中国企业中，工会扮演着多重角色，它在保障员工最基本权利方面发挥着重要作用，工会还可以通过为员工提供各项服务和福利向员工传递企业的关怀，影响员工对企业的归属感和认同感。工会还能以“集体代言人”身份向企业传达员工的想法和意见，帮助企业更有效地进行管理。但同时，还应该鼓励工会积极发挥作用，避免其可能产生的不利影响。

5.4 研究局限与展望

5.4.1 研究局限

在研究模型上，本研究将重点放在了高绩效工作系统与员工工作质量之间的关系及其权变因素上，并未对高绩效工作系统与员工工作质量之间的作用机制进行探讨。鉴于高绩效工作系统在制造业企业中更为有效，本研究将高绩效工作系统和员工工作质量之间关系的探讨限定在了制造业企业内，所得的结论可能无法直接推广到服务业等其他行业的企业中，在其他类型企业中，二者之间的关系仍需进一步探究。本研究未对员工工作质量的结果变量及团队层面和个体层面的前因变量进行探讨。在以后的研究中应该进一步完善研究模型，全面探讨员工工作质量的前因变量和结果变量，并深入研究高绩效工作系统与员工工作质量的作用机制。

在样本选择上，由于客观条件限制，样本的选择可能存在一定的偏差。在深度访谈和小组访谈的对象中，制造业企业员工居多，服务业等其他行业员工占比较少。在对高绩效工作系统与员工工作质量之间的关系进行实证分析时，所选取的样本就企业性质而言，仅探讨了私营企业和外资企业，缺少对国有企业的探究。

在研究设计上，本研究仅测量了企业层面的高绩效工作系统，并未对员工感知的高绩效工作系统进行测量，而已有文献显示企业实施的高绩效工作系统与员工感知的高绩效工作系统存在差异，在未来的研究中可以同时测量两个来源的高绩效工作系统，进一步探究其对员工工作质量的作用效果是否一致。

5.4.2　研究展望

在后续的研究中，可以对服务业等其他行业中二者之间的关系、高绩效工作系统与员工工作质量的作用机制、二者关系在团队层面和个体层面的权变因素，以及员工工作质量在团队和个体层面的前因变量、结果变量等进行深入探讨。

在服务业等其他行业中高绩效工作系统与员工工作质量的关系方面，后续可以扩大样本数量，收集服务业等其他行业的数据，进一步检验高绩效工作系统对员工工作质量的积极影响。

在高绩效工作系统与员工工作质量的作用机制方面，企业层面的组织氛围、组织支持、组织公平，团队层面的团队氛围，员工个体层面的组织支持感、基本心理需要满足等变量均可能中介于高绩效工作系统与员工工作质量的关系。在未来的研究中，可以在现有文献基础上，通过实证研究探讨二者之间的作用机制。

在高绩效工作系统与员工工作质量之间关系的权变因素方面，团队结构、团队的任务互依性，员工基于组织的自尊、自我效能感等变量可能会增强或减弱高绩效工作系统与员工工作质量之间的关系，未来研究可以对此进行深入讨论，进一步明晰二者关系的权变因素。

在员工工作质量的团队和个体层面前因变量方面，团队冲突、团队领导的风格，员工人力资本、社会资本、心理资本等因素均可能会影响员工的工作质量，在后续的研究中可以对此进行探讨，深入考察提升员工工作质量的路径。

在员工工作质量的结果变量方面，员工工作质量可能会影响员工的个人绩效、健康、幸福感、情绪耗竭、压力和离职倾向等。对员工工作质量结果变量的探究有助于进一步认识员工工作质量的重要性，未来可以通过实证检验丰富该方面的研究。

参考文献

［1］ APPELBAUM E, BAILEY T, BERG P, et al. Manufacturing advantage: why high-performance work systems pay off ［M］. New York: Cornell University Press, 2000.

［2］ ARYEE S, WALUMBWA F O, SEIDU E Y M, et al. Impact of high-performance work systems on individual-and branch-level performance: test of a multilevel model of intermediate linkages ［J］. Journal of Applied Psychology, 2012, 97 (2): 287.

［3］ BAKKER A B, DEMEROUTI E. Job demands - resources theory ［J］. Wellbeing: A complete reference guide, 2014: 1-28.

［4］ BAKKER A B, DEMEROUTI E. The job demands-resources model: State of the art ［J］. Journal of Managerial Psychology, 2007, 22 (3): 309.

［5］ BAKKER A, DEMEROUTI E, SCHAUFELI W. Dual processes at work in a call centre: An application of the job demands-resources model ［J］. European Journal of Work and Organizational Psychology, 2003, 12 (4): 393-417.

［6］ BENSON J. Employee voice in union and non-union Australian workplaces ［J］. British Journal of Industrial Relations, 2000, 38 (3): 453-459.

［7］ BLAU P. Social exchange in social life ［M］. New York: Willey J., 1964.

［8］ BOCCUZZO G, GIANECCHINI M. Measuring young graduates' job quality through a composite indicator ［J］. Social Indicators Research, 2015, 122 (2): 453-478.

［9］ BOSELIE P, DIETZ G, BOON C. Commonalities and contradictions in HRM and performance research ［J］. Human Resource Management Journal, 2005, 15 (3): 67-94.

［10］ BRYSON A, ERHEL C, SALIBEKYAN Z. The effects of firm size on job quality: A comparative study for Britain and France ［J］. IZA Discussion Papers, No. 10659, Institute of Labor Economics (IZA), Bonn, 2017.

［11］ BUDD J W，CHI W，WANG Y，et al. What do unions in China do? Provincial－level evidence on wages，employment，productivity，and economic output ［J］. Journal of Labor Research，2014，35（2）：185-204.

［12］ BURGESS J，CONNELL J. Introduction to special issue：HRM and job quality：An overview ［J］. The International Journal of Human Resource Management，2008，19（3）：407-418.

［13］ CAFFERKEY K，DUNDON T. Explaining the black box：HPWS and organisational climate ［J］. Personnel Review，2015，44（5）：666-688.

［14］ CAMPS J，LUNA－AROCAS R. A matter of learning：How human resources affect organizational performance ［J］. British Journal of Management，2012，23（1）：1-21.

［15］ CAPPELLI P. Demanding work-the paradox of job quality in the affluent economy－francis green ［J］. British Journal of Industrial Relations，2006，44（2）：373-374.

［16］ CARVALHO V S，CHAMBEL M J. Work－to－family enrichment and employees' well－being：High performance work system and job characteristics ［J］. Social Indicators Research，2014，119（1）：373-387.

［17］ CASTANHEIRA F，CHAMBEL M J. Reducing burnout in call centers through HR practices ［J］. Human Resource Management，2010，49（6）：1047-1065.

［18］ CAZES S，HIJZEN A，SAINT－MARTIN A. Measuring and assessing job quality ［J］. OECD Social，Employment and Migration Working Papers，2015.

［19］ CHANDOLA T，ZHANG N. Re－employment，job quality，health and allostatic load biomarkers：prospective evidence from the UK Household Longitudinal Study ［J］. International Journal of Epidemiology，2018，47（1）：47-57.

［20］ CHANG P C，CHEN S J. Crossing the level of employee's performance：HPWS，affective commitment，human capital，and employee job performance in professional service organizations ［J］. The International Journal of Human Resource Management，2011，22（4）：883-901.

［21］ CHARMAZ K. Between positivism and postmodernism：Implications for methods ［J］. Studies in Symbolic Interaction，1995，17（2）：43-72.

［22］ CHEN F. Union power in China source，operation，and constraints ［J］. Modern China，2009，35（6）：662-689.

［23］ CHEN S J. Human resource strategy and unionization：evidence from

Taiwan [J]. The International Journal of Human Resource Management, 2007, 18 (6): 1116-1131.

[24] CHEN Y, KIM Y K, LIU Z, et al. Can HPWS and unions work together to reduce employee turnover Intention in Foreign MNCs in China [J]. Advances in Industrial and Labor Relations, 2017: 213-242.

[25] CLARK A E. Your money or your life: Changing job quality in OECD countries [J]. British Journal of Industrial Relations, 2005, 43 (3): 377-400.

[26] CLARK A, OSWALD A, WARRP. Is job satisfaction U-shaped in age? [J]. Journal of Occupational and Organizational Psychology, 1996, 69 (1): 57-81.

[27] CLARK A. What makes a good job? Evidence from OECD countries [M]. Job Quality and Employer Behaviour. London: Palgrave Macmillan, 2005: 11-30.

[28] COCHRANE W, LAW M, PIERCY G L. Lean, but is it Mean? Union members' views on a high performance workplace system [C]. Proceedings of the 19th Conference of the Association of Industrial Relations Academics of Australia and New Zealand, University of Sydney, Sydney, 2005.

[29] COMBS J, LIU Y, HALL A, et al. How much do high-performance work practices matter? A meta-analysis of their effects on organizational performance [J]. Personnel Psychology, 2006, 59 (3): 501-528.

[30] COOKE W N. Employee participation programs, group-based incentives, and company performance: A union-nonunion comparison [J]. ILR Review, 1994, 47 (4): 594-609.

[31] CORBIN J M, STRAUSS A. Grounded theory research: Procedures, canons, and evaluative criteria [J]. Qualitative Sociology, 1990, 13 (1): 3-21.

[32] DATTA D K, GUTHRIE J P, WRIGHT P M. Human resource management and labor productivity: Does industry matter? [J]. Academy of Management Journal, 2005, 48 (1): 135-145.

[33] DELERY J E, DOTY D H. Modes of theorizing in strategic human resource management: Tests of universalistic, contingency, and configurational performance predictions [J]. Academy of Management Journal, 1996, 39 (4): 802-835.

[34] DEMEROUTI E, BAKKER A B. The job demands-resources model:

Challenges for future research [J]. SA Journal of Industrial Psychology, 2011, 37 (2): 1-9.

[35] DEMEROUTI E, BAKKER A B, NACHREINER F, et al. The job demands-resources model of burnout [J]. Journal of Applied Psychology, 2001, 86 (3): 499.

[36] DEMORTIER A L P, DELOBBE N, EL AKREMI A. Opening the black box of hr practices-performance relationship: Testing a three pathways AMO model [C]. Academy of Management Proceedings. Briarcliff Manor, NY 10510: Academy of Management, 2014, 2014 (1): 14932.

[37] DÍAZ-CHAO Á, FICAPAL-CUSÍ P, TORRENT-SELLENS J. Did small and medium enterprises maintain better jobs during the early years of the recession? Job quality multidimensional evidence from Spain [J]. European Management Journal, 2017, 35 (3): 396-413.

[38] DICKE T, STEBNER F, LINNINGER C, et al. A longitudinal study of teachers' occupational well-being: Applying the job demands-resources model [J]. Journal of Occupational Health Psychology, 2018, 23 (2): 262.

[39] DIXON J C, MCCOLLUM D B, FULLERTON A S. Who is a part-time worker around the world and why does it matter? Examining the quality of employment measures and workers' perceived job quality [J]. Sociological Spectrum, 2018, 38 (1): 1-23.

[40] DOBBINS T. The case for 'beneficial constraints': Why permissive voluntarism impedes workplace cooperation in Ireland [J]. Economic and Industrial Democracy, 2010, 31 (4): 497-519.

[41] DORENBOSCH L, ENGEN M L, VERHAGEN M. On-the-job innovation: The impact of job design and human resource management through production ownership [J]. Creativity and Innovation Management, 2005, 14 (2): 129-141.

[42] EDGAR F, ZHANG J A, BLAKER N M. AMO, High-performance work systems and employee performance [C]. Academy of Management Proceedings. Briarcliff Manor, NY 10510: Academy of Management, 2019, 2019 (1): 11358.

[43] ESENALIEV D, FERGUSON N T N. The impact of job quality on wellbeing: evidence from kyrgyzstan [J]. Social Indicators Research, 2019, 144 (1): 337-378.

[44] EVANS W R, DAVIS W D. High-performance work systems and

organizational performance: The mediating role of internal social structure [J]. Journal of Management, 2005, 31 (5): 758-775.

[45] FAN D, CUI L, ZHANG M M, et al. Influence of high performance work systems on employee subjective well - being and job burnout: empirical evidence from the Chinese healthcare sector [J]. The International Journal of Human Resource Management, 2014, 25 (7): 931-950.

[46] FANG T, GE Y, FAN Y. Unions and the productivity performance of multinational enterprises: evidence from China [J]. Asian Business & Management, 2019, 18 (4): 281-300.

[47] FANG T, VERMA A. Union wage premium [J]. Perspectives on Labour and Income, 2002, 3 (9): 13-19.

[48] FARH J L, CANNELLA A A, LEE C. Approaches to scale development in Chinese management research [J]. Management and Organization Review, 2006, 2 (3): 301-318.

[49] FARNDALE E, BREWSTER C, POUTSMA E. Coordinated vs. liberal market HRM: the impact of institutionalization on multinational firms [M]. International Human Resource Management. Routledge, 2014: 20-39.

[50] FINDLAY P, WARHURST C, KEEP E, et al. Opportunity knocks? The possibilities and levers for improving job quality [J]. Work and Occupations, 2017, 44 (1): 3-22.

[51] FREEMAN R B, MEDOFF J L. What do unions do? [M]. New York: Basic Books, 1984.

[52] FRIEDMAN E D. Economic development and sectoral unions in China [J]. ILR Review, 2014, 67 (2): 481-503.

[53] FU N, BOSAK J, FLOOD P C, et al. Chinese and Irish professional service firms compared: Linking HPWS, organizational coordination, and firm performance [J]. Journal of Business Research, 2019, 95: 266-276.

[54] FU N, MA Q, BOSAK J, et al. Exploring the relationships between HPWS, organizational ambidexterity and firm performance in Chinese professionalservice firms [J]. Journal of Chinese Human Resource Management, 2015.

[55] GE Y. What do unions do in China? [J]. UIBE Working Paper, 2007.

[56] GE Y. Do Chinese unions have “real” effects on employee compensation? [J]. Contemporary Economic Policy, 2014, 32 (1): 187-202.

[57] GILMAN M, RABY S. National context as a predictor of high-performance

work system effectiveness in small-to-medium-sized enterprises (SMEs): A UK-French comparative analysis [J]. The International Journal of Human Resource Management, 2013, 24 (2): 372-390.

[58] GLASER B G, HOLTON J. Remodeling grounded theory [C]. Forum Qualitative Sozialforschung/Forum: Qualitative Social Research. 2004, 5 (2).

[59] GLASER B G, STRAUSS A L. The discovery of grounded theory: Strategies for qualitative research [M]. Chicago, IL: Aldine Transactio, 1967.

[60] GONG Y, CHANG S, CHEUNG S Y. High performance work system and collective OCB: A collective social exchange perspective [J]. Human Resource Management Journal, 2010, 20 (2): 119-137.

[61] GONZÁLEZ-ROMÁ V, GAMBOA J P, PEIRÓ J M. University graduates' employability, employment status, and job quality [J]. Journal of Career Development, 2018, 45 (2): 132-149.

[62] GREEN C, KLER P, LEEVES G. Flexible contract workers in inferior jobs: Reappraising the evidence [J]. British Journal of Industrial Relations, 2010, 48 (3): 605-629.

[63] GREEN F, FELSTEAD A, GALLIE D. Computers and the changing skill-intensity of jobs [J]. Applied Economics, 2003, 35 (14): 1561-1576.

[64] GREEN F, FELSTEAD A, GALLIE D. Job quality and inequality: The unequal world of work in the UK, 1986—2012 [J]. Juncture, 2016, 22 (4): 329-333.

[65] GREEN F, MOSTAFA T, PARENT-THIRION A, et al. Is job quality becoming more unequal? [J]. ILR Review, 2013, 66 (4): 753-784.

[66] GREEN F. Demanding work: The paradox of job quality in the affluent economy [M]. New Jersery: Princeton University Press, 2006.

[67] GUEST D. Human resource management, corporate performance and employee wellbeing: Building the worker into HRM [J]. The Journal of Industrial Relations, 2002, 44 (3): 335-358.

[68] HALL P A, SOSKICE D. Varieties of capitalism and institutional change: A response to three critics [J]. Comparative European Politics, 2003, 1 (2): 241-250.

[69] HAN J H, LIAO H, TAYLOR M S, et al. Effects of high-performance work systems on transformational leadership and team performance: Investigating the moderating roles of organizational orientations [J]. Human Resource Management,

2018, 57 (5): 1065-1082.

[70] HAN J, SUN J M, WANG H L. Do high performance work systems generate negative effects? How and when? [J]. Human Resource Management Review, 2019: 100699.

[71] HANDEL M J. Trends in perceived job quality, 1989 to 1998 [J]. Work and Occupations, 2005, 32 (1): 66-94.

[72] HEYES J, STUART M. Bargaining for skills: trade unions and training at the workplace [J]. British Journal of Industrial Relations, 1998, 36 (3): 459-467.

[73] HINKIN T R. A brief tutorial on the development of measures for use in survey questionnaires [J]. Organizational Research Methods, 1998, 1 (1): 104-121.

[74] HOQUE K, EARLS J, CONWAY N, et al. Union representation, collective voice and job quality: An analysis of a survey of union members in the UK finance sector [J]. Economic and Industrial Democracy, 2017, 38 (1): 27-50.

[75] HOROWITZ J. Dimensions of job quality, mechanisms, and subjective well-being in the United States [C]. Sociological Forum. 2016, 31 (2): 419-440.

[76] HUANG L C, AHLSTROM D, LEE A Y P, et al. High performance work systems, employee well-being, and job involvement: An empirical study [J]. Personnel Review, 2016.

[77] HUSELID M A, JACKSON S E, SCHULER R S. Technical and strategic human resources management effectiveness as determinants of firm performance [J]. Academy of Management Journal, 1997, 40 (1): 171-188.

[78] HUSELID M A. The impact of human resource management practices on turnover, productivity, and corporate financial performance [J]. Academy of Management Journal, 1995, 38 (3): 635-672.

[79] ICHNIOWSKI C, SHAW K, PRENNUSHI G. The effects of human resource management practices on productivity [R]. National Bureau of Economic Research, 1995.

[80] ISKANDER N, LOWE N. Building job quality from the inside-out: Mexican immigrants, skills, and jobs in the construction industry [J]. ILR Review, 2013, 66 (4): 785-807.

[81] JACKSON S E, SCHULER R S. Understanding human resource

management in the context of organizations and their environments [J]. Annual Review of Psychology, 1995, 46 (1): 237-264.

[82] JENCKS C, PERMAN L, RAINWATER L. What is a good job? A new measure of labor-market success [J]. American Journal of Sociology, 1988, 93 (6): 1322-1357.

[83] JIANG J Y, LIU C W. High performance work systems and organizational effectiveness: The mediating role of social capital [J]. Human Resource Management Review, 2015, 25 (1): 126-137.

[84] JIANG K, LEPAK D P, HU J, et al. How does human resource management influence organizational outcomes? A meta-analytic investigation of mediating mechanisms [J]. Academy of Management Journal, 2012, 55 (6): 1264-1294.

[85] JONES W, HASLAM R, HASLAM C. Measuring job quality: a study with bus drivers [J]. Applied Ergonomics, 2014, 45 (6): 1641-1648.

[86] KALLEBERG A L, RESKIN B F, HUDSON K. Bad jobs in America: Standard and nonstandard employmentrelations and job quality in the United States [J]. American Sociological Review, 2000: 256-278.

[87] KALLEBERG A L. Good jobs, bad jobs: The rise of polarized and precarious employment systems in the United States, 1970s—2000s [M]. New York: Russell Sage Foundation, 2011.

[88] KALLEBERG A L. Precarious work, insecure workers: Employment relations in transition [J]. American Sociological Review, 2009, 74 (1): 1-22.

[89] KAUFMAN B E, MILLER B I. The firm's choice of HRM practices: Economics meets strategic human resource management [J]. ILR Review, 2011, 64 (3): 526-557.

[90] KELLIHER C, ANDERSON D. For better or for worse? An analysis of how flexible working practices influence employees' perceptions of job quality [J]. The International Journal of Human Resource Management, 2008, 19 (3): 419-431.

[91] KENNEDY S, DRAGO R, SLOAN J, et al. The effect of trade unions on the provision of training: Australian evidence [J]. British Journal of Industrial Relations, 1994, 32 (4): 565-580.

[92] KIM S, WRIGHT P M, SU Z. Human resource management and firm performance in China: A critical review [J]. Asia Pacific Journal of Human

Resources, 2010, 48 (1): 58-85.

[93] KLOUTSINIOTIS P V, MIHAIL D M. Is it worth it? Linking perceived high-performance work systems and emotional exhaustion: The mediating role of job demands and job resources [J]. European Management Journal, 2019.

[94] KNOX A, WARHURST C, NICKSON D, et al. More than a feeling: using hotel room attendants to improve understanding of job quality [J]. The International Journal of Human Resource Management, 2015, 26 (12): 1547-1567.

[95] KOCHAN T A. Using the Dunlop report to full advantage: A strategy for achieving mutual gains [J]. ILR Review, 1995.

[96] LAM L W, CHUANG A, WONG C S, et al. A typology of three-way interaction models: Applications and suggestions for Asian management research [J]. Asia Pacific Journal of Management, 2019, 36 (1): 1-16.

[97] LAMONTAGNE A D, KRNJACKI L, MILNER A, et al. Psychosocial job quality in a national sample of working Australians: a comparison of persons working with versus without disability [J]. SSM-population Health, 2016, 2: 175-181.

[98] LAMONTAGNE A D, MILNER A, KRNJACKI L, et al. Psychosocial job quality, mental health, and subjective wellbeing: A cross-sectional analysis of the baseline wave of the Australian Longitudinal Study on Male Health [J]. BMC Public Health, 2016, 16 (3): 1049.

[99] LAROCHE P, SALESINA M. The effects of union and nonunion forms of employee representation on high-performance work systems: New evidence from French microdata [J]. Human Resource Management, 2017, 56 (1): 173-189.

[100] LAW K S, WONG C S, MOBLEY W M. Toward a taxonomy of multidimensional constructs [J]. Academy of Management Review, 1998, 23 (4): 741-755.

[101] LEACH L, BUTTERWORTH P, RODGERS B, et al. Deriving an evidence-based measure of job quality from the HILDA survey [J]. Australian Social Policy Journal, 2010 (9).

[102] LEE S, KOH Y, KANG K H. Moderating effect of capital intensity on the relationship between leverage and financial distress in the US restaurant industry [J]. International Journal of Hospitality Management, 2011, 30 (2): 429-438.

[103] LEE S, XIAO Q. An examination of the curvilinear relationship

between capital intensity and firm performance for publicly traded US hotels and restaurants [J]. International Journal of Contemporary Hospitality Management, 2011.

[104] LEPAK D P, LIAO H, CHUNG Y, et al. A conceptual review of human resource management systems in strategic human resource management research [J]. Research in Personnel and Human Resources Management, 2006, 25 (1): 217-271.

[105] LEVINE D I, TOFFEL M W. Quality management and job quality: How the ISO 9001 standard for quality management systems affects employees and employers [J]. Management Science, 2010, 56 (6): 978-996.

[106] LIAO H, TOYA K, LEPAK D P, et al. Do they see eye to eye? Management and employee perspectives of high - performance worksystems and influence processes on service quality [J]. Journal of Applied Psychology, 2009, 94 (2): 371.

[107] LINCOLN J R, KALLEBERG A L. Work organization and workforce commitment: A study of plants and employees in the US and Japan [J]. American Sociological Review, 1985: 738-760.

[108] LIU M. Union organizing in China: Still a monolithic labor movement? [J]. ILR Review, 2010, 64 (1): 30-52.

[109] LIU M. Allies or competitors? A contingency perspective on the relationship between unionization and high-performance work systems [C]. LERA 70th Annual Meeting, 2019.

[110] LIU N C, LIN Y T. High-performance work systems, management team flexibility, employee flexibility and service-oriented organizational citizenship behaviors [J]. The International Journal of Human Resource Management, 2019: 1-38.

[111] LIU W, GUTHRIE J P, FLOOD P C, et al. Unions and the adoption of high performance work systems: Does employment security play a role? [J]. ILR Review, 2009, 63 (1): 109-127.

[112] LIU X, ZHOU M, REN J. High-performance work systems and team creativity: The mediating role of creative team efficacy [C]. 2015 12th International Conference on Service Systems and Service Management (ICSSSM). IEEE, 2015: 1-3.

[113] LOWE G S. The quality of work: a people-centred agenda [M]. New

York: Oxford University Press, 2001.

[114] LUY, TAO Z, WANG Y. Union effects on performance and employment relations: Evidence from China [J]. China Economic Review, 2010, 21 (1): 202-210.

[115] MA Z, LONG L, ZHANG Y, et al. Why do high-performance human resource practices matter for team creativity? The mediating role of collective efficacy and knowledge sharing [J]. Asia Pacific Journal of Management, 2017, 34 (3): 565-586.

[116] MACDERMID S M, HERTZOG J L, KENSINGER K B, et al. The role of organizational size and industry in job quality and work-family relationships [J]. Journal of Family and Economic Issues, 2001, 22 (2): 191-216.

[117] MACHIN S, WOOD S. Human resource management as a substitute for trade unions in British workplaces [J]. ILR Review, 2005, 58 (2): 201-218.

[118] MCGOVERN P, SMEATON D, HILL S. Bad jobs in Britain: Nonstandard employment and job quality [J]. Work and Occupations, 2004, 31 (2): 225-249.

[119] MCPHAIL R, FISHER R. It's more than wages: Analysis of the impact of internal labour markets on the quality of jobs [J]. The International Journal of Human Resource Management, 2008, 19 (3): 461-472.

[120] MENDONCA P, KUBISA J, DEPREZ L, et al. The quality of jobs: The role of job security and the broader institutional context in European comparative case studies [J]. Marie Curie Changing Employment ITN Research Paper Series 004, 2016.

[121] MENON S, SALVATORI A, ZWYSEN W. The effect of computer use on job quality: Evidence from Europe [J]. IZA Discussion Papers, No. 11298, Institute of Labor Economics (IZA), Bonn, 2018.

[122] MUÑOZ DE BUSTILLO R, FERNÁNDEZ-MACÍAS E, ESTEVE F, et al. E pluribus unum? A critical survey of job quality indicators [J]. Socio-Economic Review, 2011, 9 (3): 447-475.

[123] MUSTOSMÄKI A, OINAS T, ANTTILA T. Abating inequalities? Job quality at the intersection of class and gender in Finland 1977-2013 [J]. Acta Sociologica, 2017, 60 (3): 228-245.

[124] NADEEM S, RAZA M, KAYANI N, et al. Examining cross-cultural compatibility of high performance work practices [J]. International Business Review,

2018，27（3）：563-583.

［125］NG I，MAKI D. Trade union influence on human resource management practices［J］. Industrial Relations：A Journal of Economy and Society，1994，33（1）：121-135.

［126］OGBONNAYA C，DANIELS K，CONNOLLY S，et al. Integrated and isolated impact of high-performance work practices on employee health and well-being：A comparative study［J］. Journal of Occupational Health Psychology，2017，22（1）：98.

［127］OSTERMAN P. Introduction to the special issue on job quality：What does it mean and how might we think about it［J］. ILR Review，2013，66（4）：739-752.

［128］PIASNA A，PLAGNOL A. Women's job quality across family life stages：An analysis of female employees across 27 European countries［J］. Social Indicators Research，2018，139（3）：1065-1084.

［129］PIASNA A. 'Bad jobs' recovery? European job quality index 2005-2015. European Trade Union Institute［R］. Working Paper，2017.

［130］POND C. Building full employment without low pay［M］. Working for full employment. Routledge，2005：193-202.

［131］QIAO K，KHILJI S，WANG X. High-performance work systems，organizational commitment，and the role of demographic features in the People's Republic of China［J］. The International Journal of Human Resource Management，2009，20（11）：2311-2330.

［132］REDA M A，HOHFELD L，JITSUCHON S，et al. Rural-urban migration and employment quality：A case study from Thailand［J］. Asian Development Bank Economics Working Paper Series，2012（309）.

［133］ROTHSTEIN J S. When Good Jobs Go Bad：Globalization，De-Unionization，And Declining Job Quality In The North American Auto Industry［M］. New Jersery：Rutgers University Press，2016.

［134］RUBINSTEIN S A. Unions as value-adding networks：Possibilities for the future of US unionism［J］. Journal of Labor Research，2001，22（3）：581-598.

［135］SALANOVA M，SCHAUFELI W B. A cross-national study of work engagement as a mediator between job resources and proactive behaviour［J］. The International Journal of Human Resource Management，2008，19（1）：116-131.

[136] SANDERS K, YANG H, LI X. Quality enhancement or cost reduction? The influence of high-performance work systems and power distance orientation on employee human resource attributions [J]. The International Journal of Human Resource Management, 2019: 1-28.

[137] SCHAUFELI W B, TARIS T W. A critical review of the job demands-resources model: Implications for improving work and health [M]. Bridging Occupational, Organizational And Public Health. Dordrecht: Springer, 2014.

[138] SCHNALZENBERGER M, SCHNEEWEIS N, WINTER-EBMER R, et al. Job quality and employment of older people in Europe [J]. Labour, 2014, 28 (2): 141-162.

[139] SHIN E. Unions and the adoption of high-performance work systems in Korea: Moderating roles of firms' competitive strategies [J]. The International Journal of Human Resource Management, 2014, 25 (13): 1858-1880.

[140] SHOCKLEY K M, UREKSOY H, RODOPMAN O B, et al. Development of a new scale to measure subjective career success: A mixed-methods study [J]. Journal of Organizational Behavior, 2015, 37 (1): 128-153.

[141] SIDDIQUE M, PROCTER S, GITTELL J H. The role of relational coordination in the relationship between high-performance work systems (HPWS) and organizational performance [J]. Journal of Organizational Effectiveness: People and Performance, 2019.

[142] SONG Z, GU Q, COOKE F L. The effects of high-involvement work systems and shared leadership on team creativity: A multilevel investigation [J]. Human Resource Management, 2019.

[143] SPARHAM E, SUNG J. High performance work practices—work intensification or 'win-win [J]. Centre for Labour Market Studies Working Paper, 2007 (50).

[144] SU F, LEI Y, HE Y, et al. Perceived high-performance work systems and work well-being in the express industry: A moderated mediation model [C]. 2019 16th International Conference on Service Systems and Service Management (ICSSSM). IEEE, 2019: 1-6.

[145] SU Z X, WRIGHT P M. The effective human resource management system in transitional China: A hybrid of commitment and control practices [J]. The International Journal ofHuman Resource Management, 2012, 23 (10): 2065-2086.

[146] SUN L Y, ARYEE S, LAW K S. High-performance human resource practices, citizenship behavior, and organizational performance: A relational perspective [J]. Academy of Management Journal, 2007, 50 (3): 558-577.

[147] TAKAHASHI H, MASHIYAMA K, SAKAGAMI T. Does the capital intensity matter? Evidence from the postwar Japanese economy and other OECD countries [J]. Macroeconomic Dynamics, 2012, 16 (S1): 103-116.

[148] TAKEUCHI R, CHEN G, LEPAK D P. Through the looking glass of asocial system: Cross-level effects of high-performance work systems on employees' attitudes [J]. Personnel Psychology, 2009, 62 (1): 1-29.

[149] TEO S T T, BENTLEY T, NGUYEN D. Psychosocial work environment, work engagement, and employee commitment: A moderated, mediation model [J]. International Journal of Hospitality Management, 2019.

[150] TREMBLAY D G, DAMIAN GRIMSHAW, COLETTE FAGAN, et al., Making work more equal. A new labour market segmentation approach [M]. Manchester: Manchester University Press, 2018.

[151] TSUI A S, PEARCE J L, PORTER L W, et al. Alternative approaches to the employee-organization relationship: Does investment in employees pay off? [J]. Academy of Management Journal, 1997, 40 (5): 1089-1121.

[152] VAN VELDHOVEN M, DORENBOSCH L, BREUGELMANS A, et al. Exploring the relationship between job quality, performance management, and career initiative: A Two-Level, Two-Actor Study [J]. Sage Open, 2017, 7 (3): 2158244017721734.

[153] VERMA A. What do unions do to the workplace? Union effects on management and HRM policies [M]. What Do Unions Do? New York: Routledge, 2017: 275-311.

[154] WEIL D. Enforcing OSHA: The role of labor unions [J]. Industrial Relations: A Journal of Economy and Society, 1991, 30 (1): 20-36.

[155] WELSH J, STRAZDINS L, CHARLESWORTH S, et al. Health or harm? A cohort study of the importance of job quality in extended workforce participation by older adults [J]. BMC Public Health, 2016, 16 (1): 885.

[156] WRIGHT P M, GARDNER T M, MOYNIHAN L M, et al. The relationship between HR practices and firm performance: Examining causal order [J]. Personnel Psychology, 2005, 58 (2): 409-446.

[157] WRIGHT P M, MCMAHAN G C. Theoretical perspectives for strategic

human resource management [J]. Journal of Management, 1992, 18 (2): 295-320.

[158] XI M, CHEN Y, ZHAO S. The Role of employees' perceptions of HPWS in the HPWS-performance relationship: A multilevel perspective [J]. Asia Pacific Journal of Management, 2019: 1-26.

[159] XIAN H, ATKINSON C, MENG-LEWIS Y. Guanxi and high performance work systems in China: evidence from a state-owned enterprise [J]. The International Journal of Human Resource Management, 2019, 30 (19): 2685-2704.

[160] XIAO Z, BJÖRKMAN I. High commitment work systems in Chinese organizations: A preliminary measure [J]. Management and Organization Review, 2006, 2 (3): 403-422.

[161] YAO Y, ZHONG N. Unions and workers' welfare in Chinese firms [J]. Journal of Labor Economics, 2013, 31 (3): 633-667.

[162] ZHANG J, BAL P M, AKHTAR M N, et al. High-performance work system and employee performance: the mediating roles of social exchange and thriving and the moderating effect of employee proactive personality [J]. Asia Pacific Journal of Human Resources, 2019, 57 (3): 369-395.

[163] ZHANG M, ZHU C J, DOWLING P J, et al. Exploring the effects of high-performance work systems (HPWS) on the work-related well-being of Chinese hospital employees [J]. The International Journal of Human Resource Management, 2013, 24 (16): 3196-3212.

[164] ZHENG X, ZHU W, ZHAO H, et al. Employee well-being in organizations: Theoretical model, scale development, and cross-cultural validation [J]. Journal of Organizational Behavior, 2015, 36 (5): 621-644.

[165] 曹曼，席猛，赵曙明．高绩效工作系统对员工幸福感的影响：基于自我决定理论的跨层次模型［J］．南开管理评论，2019，22（2）：176-185.

[166] 陈笃升．高绩效工作系统研究述评与展望：整合内容和过程范式［J］．外国经济与管理，2014，36（5）：50-60.

[167] 陈万思，丁珏，费晴．高绩效工作系统对员工工作满意度的直接与间接影响研究［J］．管理学报，2014，11（5）：696-703.

[168] 陈维政，任晗，朱玖华等．中国企业工会角色冲突对工会职能作用发挥的影响和对策研究［J］．管理学报，2016，13（3）：315-324.

［169］陈向明．扎根理论的思路和方法［J］．教育研究与实验，1999（4）：58-63，73．

［170］程德俊，赵勇．高绩效工作系统对企业绩效的作用机制研究：组织信任的中介作用［J］．软科学，2011，25（4）：96-99，105．

［171］程德俊，王蓓蓓．高绩效工作系统、人际信任和组织公民行为的关系：分配公平的调节作用［J］．管理学报，2011，8（5）：727-733．

［172］单红梅，胡恩华，黄凰．工会实践对企业绩效影响的实证研究［J］．管理科学，2014，27（4）：33-50．

［173］单红梅，胡恩华，张梦琦，等．基于传统性和工会实践作用的工会变革型领导对工会公民行为的影响研究［J］．管理学报，2017，14（9）：1308-1314．

［174］杜旌，李难难，龙立荣．基于自我效能中介作用的高绩效工作系统与员工幸福感研究［J］．管理学报，2014，11（2）：215-221，243．

［175］费小冬．扎根理论研究方法论：要素、研究程序和评判标准［J］．公共行政评论，2008（3）：23-43，197．

［176］郭琦．劳动者福祉视角下的大学毕业生就业质量研究［D］．大连：东北财经大学，2016．

［177］郭玉霞．质性研究资料分析：Nvivo 8 活用宝典［M］．台北：高等教育出版社，2009．

［178］国福丽．国外劳动领域的质量探讨：就业质量的相关范畴［J］．北京行政学院学报，2009（1）：86-91．

［179］胡恩华，韩明燕，单红梅等．工会实践能促进员工建言吗？——计划行为理论的视角［J］．外国经济与管理，2019，41（5）：88-100．

［180］胡恩华，张毛龙，单红梅．中国工会与劳资关系调节职能：基于1853 篇工会实践报道的研究［J］．经济管理，2016，38（11）：174-186．

［181］黄昱方，钱兆慧．高绩效工作系统对员工敬业度的影响机理研究［J］．管理学报，2014，11（11）：1646-1654．

［182］蒋春燕，赵曙明．企业特征、人力资源管理与绩效：香港企业的实证研究［J］．管理评论，2004（10）：22-31，63-64．

［183］靳卫东，崔亚东．中国工会的职能转变：从企业利益协同到职工权益维护［J］．经济学动态，2019（2）：63-77．

［184］康华，扈文秀，吴祖光．国家创新体系、资本密度与我国上市公司研发投入：基于制度观视角［J］．科技管理研究，2016，36（6）：31-35．

［185］赖德胜，苏丽锋，孟大虎等．中国各地区就业质量测算与评价

[J]. 经济理论与经济管理，2011（11）：88-99.

[186] 李汉林，李路路. 资源与交换：中国单位组织中的依赖性结构[J]. 社会学研究，1999（4）：46-65.

[187] 李龙，宋月萍. 工会参与对农民工工资率的影响——基于倾向值方法的检验[J]. 中国农村经济，2017（3）：2-17.

[188] 李明，徐建炜. 谁从中国工会会员身份中获益？[J]. 经济研究，2014，49（5）：49-62.

[189] 李善乐. 大学生就业质量：基于个体问卷数据的分析[J]. 人口与发展，2017，23（2）：30-39，60.

[190] 李秀凤，孙健敏，林丛丛. 高绩效工作系统对员工心理契约破裂的影响：一个跨层的被调节中介[J]. 心理科学，2017，40（2）：442-447.

[191] 李颖，刘善仕，翁赛珠. 大学生就业能力对就业质量的影响[J]. 高教探索，2005（2）：91-93

[192] 李中建，袁璐璐. 务工距离对农民工就业质量的影响分析[J]. 中国农村经济，2017（6）：70-83.

[193] 梁建，刘芳舟，樊景立. 中国管理研究中的量表使用取向（2006~2015）：关键问题与改进建议[J]. 管理学季刊，2017，2（2）：41-63，127.

[194] 刘善仕，周巧笑，晁罡. 高绩效工作系统与组织绩效：中国连锁行业的实证研究[J]. 中国管理科学，2005（1）：142-149.

[195] 刘善仕，周巧笑. 高绩效工作系统与绩效关系研究[J]. 外国经济与管理，2004（7）：19-23.

[196] 刘素华. 建立我国就业质量量化评价体系的步骤与方法[J]. 人口与经济，2005（6）：36-40.

[197] 刘素华. 就业质量：概念、内容及其对就业数量的影响[J]. 人口与计划生育，2005（7）：29-31.

[198] 刘莹莹，梁栩凌，张一名. 新生代农民工人力资本对其就业质量的影响[J]. 调研世界，2018（12）：30-35.

[199] 卢海阳，杨龙，李宝值. 就业质量、社会认知与农民工幸福感[J]. 中国农村观察，2017（3）：57-71.

[200] 罗胜强，姜嬿. 管理学问卷调查研究方法[M]. 重庆：重庆大学出版社，2014.

[201] 毛宇飞，曾湘泉，祝慧琳. 互联网使用、就业决策与就业质量——基于 CGSS 数据的经验证据[J]. 经济理论与经济管理，2019（1）：72-85.

[202] 孟大虎，苏丽锋，李璐. 人力资本与大学生的就业实现和就业质

量：基于问卷数据的实证分析［J］. 人口与经济，2012（3）：19-26.

［203］苗仁涛，周文霞，冯喜良. 双向视角下高绩效工作系统对雇佣双方利益的影响：一项本土化研究［J］. 科研管理，2018，39（11）：98-106.

［204］苗仁涛，周文霞，李天柱. 高绩效工作系统与员工态度：一个社会交换视角［J］. 管理科学，2013，26（5）：39-49.

［205］苗仁涛，周文霞，刘军等. 高绩效工作系统对员工行为的影响：一个社会交换视角及程序公平的调节作用［J］. 南开管理评论，2013，16（5）：38-50.

［206］苗仁涛，周文霞，刘丽等. 高绩效工作系统有助于员工建言？一个被中介的调节作用模型［J］. 管理评论，2015，27（7）：105-115，126.

［207］明娟，曾湘泉. 工作转换与受雇农民工就业质量：影响效应及传导机制［J］. 经济学动态，2015（12）：22-33.

［208］明娟，王明亮. 工作转换能否提升农民工就业质量？［J］. 中国软科学，2015（12）：49-62.

［209］聂伟，风笑天. 就业质量、社会交往与农民工入户意愿——基于珠三角和长三角的农民工调查［J］. 农业经济问题，2016，37（6）：34-42，111.

［210］聂伟. 就业质量、生活控制与农民工的获得感［J］. 中国人口科学，2019（2）：27-39，126.

［211］潘文庆. 就业价值观对大学生就业质量的影响研究［J］. 广东社会科学，2014（4）：40-46.

［212］潘玉巧. 基于资源交换的组织依赖研究［D］. 南京：河海大学，2007.

［213］秦建国. 我国农民工就业质量评析：2009—2013 年［J］. 宏观质量研究，2015，3（2）：39-45.

［214］盛亦男. 生育政策调整对女性就业质量的影响［J］. 人口与经济，2019（3）：62-76.

［215］石红梅，丁煜. 人力资本、社会资本与高校毕业生就业质量［J］. 人口与经济，2017（3）：90-97.

［216］苏丽锋，陈建伟. 我国新时期个人就业质量影响因素研究——基于调查数据的实证分析［J］. 人口与经济，2015（4）：107-118.

［217］苏丽锋. 我国新时期个人就业质量研究——基于调查数据的比较分析［J］. 经济学家，2013（7）：41-51.

［218］苏丽锋. 我国转型期各地就业质量的测算与决定机制研究［J］.

经济科学，2013（4）：41-53.

［219］苏中兴，杨姣．让员工更加投入的工作：对高绩效工作系统影响组织绩效内在机制的检验［J］．中国人力资源开发，2016（1）：67-72，79.

［220］苏中兴．转型期中国企业的高绩效人力资源管理系统：一个本土化的实证研究［J］．南开管理评论，2010，13（4）：99-108.

［221］贾旭东，谭新辉．经典扎根理论及其精神对中国管理研究的现实价值［J］．管理学报，2010，7（5）：656-665.

［222］孙健敏，邢璐，尹奎，杨烨娣．高绩效工作系统何时带来幸福感？——核心自我评价与成就动机的作用［J］．首都经济贸易大学学报，2018，20（6）：44-53.

［223］孙瑜．战略人力资源管理对工作绩效影响的跨层次研究［D］．长春：吉林大学，2015.

［224］孙中伟，贺霞旭．工会建设与外来工劳动权益保护：兼论一种“稻草人机制”［J］．管理世界，2012（12）：46-60，81.

［225］谭泓．中国工会双重角色定位的形成渊源与探索发展［J］．马克思主义与现实，2015（1）：198-204.

［226］王虹．中国企业背景下高绩效工作系统的结构维度研究［J］．科学学与科学技术管理，2010，31（9）：178-183.

［227］王慧，叶文振．社会性别视角下女大学生就业质量的影响因素分析：基于福建省五所高校的调查［J］．人口与经济，2016（5）：96-104.

［228］王娟，张喆，范文娜．高绩效工作系统、心理契约违背与反生产行为之间的关系研究：一个被调节的中介模型［J］．管理工程学报，2018，32（2）：8-16.

［229］王宁，唐贵瑶，陈志军．高绩效工作系统、组织文化与知识分享关系研究［J］．科技管理研究，2014，34（17）：102-106.

［230］王晓玲．企业高绩效工作系统：组织承诺中介机制的实证研究［J］．中国软科学，2009（S1）：223-230，257.

［231］王耀光．高绩效工作系统对工作满意度的影响研究［J］．技术经济与管理研究，2018（2）：32-36.

［232］王永丽，郑婉玉．双重角色定位下的工会跨界职能履行及作用效果分析［J］．管理世界，2012（10）：130-145.

［233］魏下海，董志强，黄玖立．工会是否改善劳动收入份额？——理论分析与来自中国民营企业的经验证据［J］．经济研究，2013，48（8）：16-28.

［234］魏下海，董志强，金钊．工会改善了企业雇佣期限结构吗？——来自全国民营企业抽样调查的经验证据［J］．管理世界，2015（5）：52-62．

［235］吴明隆．问卷统计分析实务：SPSS 操作与应用［M］．重庆：重庆大学出版社，2010．

［236］邢敏慧，张航．人力资本、社会资本对农村劳动力就业的影响：基于 CFPS2018 数据的实证分析［J］．调研世界，2020（2）：18-23．

［237］徐世勇，Xiaoyu Huang，张丽华等，Anil Verma．中国工人罢工的四方层级解决机制：基于案例研究的一种新诠释［J］．管理世界，2014（4）：60-70，80，187．

［238］徐小洪．中国工会的双重角色定位［J］．人文杂志，2010（6）：151-160．

［239］颜爱民，陈丽．高绩效工作系统对员工行为的影响：以心理授权为中介［J］．中南大学学报（社会科学版），2016，22（3）：107-113．

［240］颜爱民，胡仁泽，徐婷．新生代员工感知的高绩效工作系统与工作幸福感关系研究［J］．管理学报，2016，13（4）：542-550．

［241］颜爱民，赵德岭，余丹．高绩效工作系统、工作倦怠对员工离职倾向的影响研究［J］．工业技术经济，2017，36（7）：90-99．

［242］严兵，张禹，韩剑．企业异质性与对外直接投资：基于江苏省企业的检验［J］．南开经济研究，2014（4）：50-63．

［243］杨静，王重鸣．女性创业型领导：多维度结构与多水平影响效应［J］．管理世界，2013（9）：102-115，117，187-188．

［244］易定红，袁青川．中国工会存在工资溢价吗：基于控制样本选择性偏差的 Blinder-Oaxaca 回归分解［J］．经济理论与经济管理，2015（2）：31-39．

［245］臧志，王维镭．高绩效工作系统对员工工作的双重影响［J］．知识经济，2019（16）：113-115．

［246］张宏宇，周燕华，张建君．如何缓解农民工的疲惫感：对工会和 SA8000 认证作用的考量［J］．管理世界，2014（2）：32-43．

［247］张徽燕，何楠，李端凤等．中国情境下高绩效工作系统的量表开发［J］．管理学家（学术版），2013（4）：57-68．

［248］张徽燕，李端凤，姚秦．中国情境下高绩效工作系统与企业绩效关系的元分析［J］．南开管理评论，2012，15（3）：139-149．

［249］张徽燕，姚秦，吴继红等．高绩效工作系统、组织学习能力与企业绩效的关系研究［J］．中国管理科学，2015，23（5）：134-142．

［250］张军伟，龙立荣，王桃林．高绩效工作系统对员工工作绩效的影响：自我概念的视角［J］．管理评论，2017，29（3）：136-146.

［251］张抗私，李善乐．我国就业质量评价研究：基于2000—2012年辽宁宏观数据的分析［J］．人口与经济，2015（6）：62-72.

［252］张抗私，朱晨．大学毕业生就业质量的影响因素［J］．人口与经济，2017（1）：75-84.

［253］张敏，祝华凤．新生代农民工就业质量与社会认同问题研究［J］．中国青年研究，2017（1）：108-112.

［254］张瑶祥．基于三方满意度的高校毕业生就业质量评价研究［J］．中国高教研究，2013（5）：82-86.

［255］张一弛，黄涛，李琦．高绩效工作体系人力资源管理措施的结构整合与内涵回归［J］．经济科学，2004（3）：63-73.

［256］张颖，侯琳钰．高绩效工作系统对员工敬业度的影响机制研究——被调节的中介效应［J］．工业技术经济，2017，36（4）：88-97.

［257］张正堂，李瑞．企业高绩效工作系统的内容结构与测量［J］．管理世界，2015（5）：100-116.

［258］赵蒙成．社会资本对新生代农民工就业质量影响的调查研究——SZ市新生代农民工的案例研究［J］．人口与发展，2016，22（2）：48-55.

［259］周菲，张传庆．高绩效工作系统对员工工作行为的影响——心理资本中介作用的实证研究［J］．北京社会科学，2012（3）：33-40.

［260］朱春玲，陈晓龙．高绩效工作系统、知识共享与员工创造力关系的实证研究［J］．经济理论与经济管理，2013（11）：102-112.

［261］朱慧劼，风笑天．代际差异视角下就业质量与农民工的精神健康［J］．经济体制改革，2019（2）：92-98.

附　　录

附录 1　员工工作质量访谈提纲

访谈时间：	访谈地点：	访谈时长：
访谈对象：	访谈者：	记录员：

访谈目的简介：

本次深度访谈/小组访谈围绕“员工工作质量”这一主题，深挖员工对“什么是一份好工作”的认知，确认哪些工作特征对员工工作质量影响最大，以期获得员工对工作质量的真实感受和看法。在访谈过程中，遵守学术论理，尊重被访者的意愿，保护被访者隐私。

访谈主要问题：

1. 您从事什么工作？
2. 您目前的工作状态如何？
3. 您认为目前的工作是一份好工作吗？
4. 您所理解的好工作是什么？
5. 您所理解的差工作是什么？
6. 您在工作中最在乎什么？
7. 什么会影响您对自己工作感受？

附录2 员工工作质量问卷（探索性因素分析）

尊敬的女士/先生：

您好！感谢您在百忙之中阅读和填写本问卷！

我们是国家社会科学基金重点项目“中国企业劳动关系和谐指数构建与应用研究”（12AJY005）课题组，正在对工作相关问题进行调查。

本问卷匿名填写，调查结果仅用于学术研究，且本问卷只作为所有问卷中的一部分进行整体的统计分析，每份问卷不会单独使用。答案没有对错之分，请您按照实际情况放心填写。

问卷分为两个部分。在基本问题中，根据您对工作的真实感受，在后面符合程度对应的数字栏中画“√”，或者把您选择的数字涂黑。在个人信息中，请在符合您情况的答案前打“√”。

	题 项	不符合	比较不符合	不确定	比较符合	符合
1	工作中几乎没有发生过工伤事故	1	2	3	4	5
2	工作拥有完善的安全防护设备和安全防护措施	1	2	3	4	5
3	工作不会造成职业病，比如尘肺病，职业放射性疾病，职业中毒，职业性皮肤病，职业性眼病，职业性肿瘤等	1	2	3	4	5
4	工作环境中很少污染、粉尘、噪音、辐射等有毒有害物质	1	2	3	4	5
5	工资能够维持我和家人的基本生活	1	2	3	4	5
6	工作的奖金令人满意	1	2	3	4	5
7	工作的福利令人满意	1	2	3	4	5
8	工作的加班状况令人满意	1	2	3	4	5
9	工作的班次安排令人满意	1	2	3	4	5
10	工作节奏和速度令人满意	1	2	3	4	5
11	工作量的大小令人满意	1	2	3	4	5

续表

	题　项	不符合	比较不符合	不确定	比较符合	符合
12	工作的组织可以为员工的日常生活提供方便条件	1	2	3	4	5
13	为成为组织的一员而感到自豪	1	2	3	4	5
14	当工作或生活遇到问题，可以获得组织的尽力帮助	1	2	3	4	5
15	上级领导很有水平	1	2	3	4	5
16	为成为工作团队的一员而感到自豪	1	2	3	4	5
17	工作的前景很好	1	2	3	4	5
18	喜欢上级的领导方式	1	2	3	4	5
19	上级领导可以给予足够的支持和帮助	1	2	3	4	5
20	一起工作的同事能力强，素质高	1	2	3	4	5
21	在工作中与同事合作愉快	1	2	3	4	5
22	工作能够提升能力和素质	1	2	3	4	5
23	如果有不满或者抱怨，很容易反映到有关部门或有关责任人	1	2	3	4	5
24	工作中经常有培训和学习的机会	1	2	3	4	5
25	工作中的培训学习确实提升了能力和素质	1	2	3	4	5
26	对目前已经拥有的职务感到满意	1	2	3	4	5
27	工作的总体收入令人满意	1	2	3	4	5
28	提出不满或者抱怨的过程中，不用担心会对自己造成不利影响	1	2	3	4	5
29	工作中合理化建议或想法经常被领导听取或采纳	1	2	3	4	5
30	工作中合理化建议或想法经常被同事听取或采纳	1	2	3	4	5
31	现在的工作很稳定	1	2	3	4	5

基本信息

1. 您的性别：

（1）男　　（2）女

2. 您的文化程度

（1）高中或高中以下　　（2）专科毕业

（3）本科毕业　　（4）研究生毕业及以上

3. 您的年龄段

（1）90后　　（2）80后　　（3）70后

（4）60后　　（5）50后

4. 您的岗位类别

（1）一线员工　　（2）技术人员　　（3）管理人员

5. 您的职务（职称或头衔）级别

（1）初级　　（2）中级　　（3）高级

6. 您的劳动合同类型为

（1）没有劳动合同

（2）三个月以上一年以下的劳动合同

（3）一年以上（含一年）三年以下的劳动合同

（4）三年或三年以上的劳动合同

（5）无固定期限

至此，问卷填写完毕。请您检查一下确认无遗漏项。再次感谢您的支持与配合！

附录3　员工工作质量问卷（员工问卷）

尊敬的女士/先生：

您好！感谢您在百忙之中阅读和填写本问卷！

我们是国家社会科学基金重点项目“中国企业劳动关系和谐指数构建与应用研究”（12AJY005）课题组，正在对工作相关问题进行调查。

本问卷匿名填写，调查结果仅用于学术研究，且本问卷只作为所有问卷中的一部分进行整体的统计分析，每份问卷不会单独使用。答案没有对错之分，请您按照实际情况放心填写。

问卷分为两个部分。在基本问题中，根据您对工作的真实感受，在后面符合程度对应的数字栏中画“√”，或者把您选择的数字涂黑。在个人信息中，请在符合您情况的答案前打“√”。

再次感谢您的帮助！恭祝您工作顺利！幸福健康！

	题 项	不符合	比较不符合	不确定	比较符合	符合
1	工作中几乎没有发生过工伤事故	1	2	3	4	5
2	工作中拥有完善的安全防护设备和安全防护措施	1	2	3	4	5
3	工作不会造成职业病，比如尘肺病，职业放射性疾病，职业中毒，职业性皮肤病，职业性眼病，职业性肿瘤等	1	2	3	4	5
4	工作环境中很少污染、粉尘、噪音、辐射等有毒有害物质	1	2	3	4	5
5	工资能够维持我和家人的基本生活	1	2	3	4	5
6	工作的奖金令人满意	1	2	3	4	5
7	工作的福利令人满意	1	2	3	4	5
8	工作的加班状况令人满意	1	2	3	4	5
9	工作的班次安排令人满意	1	2	3	4	5
10	工作节奏和速度令人满意	1	2	3	4	5
11	工作量的大小令人满意	1	2	3	4	5
12	工作组织可以为员工的日常生活提供方便条件	1	2	3	4	5
13	为成为组织的一员而感到自豪	1	2	3	4	5
14	当工作或生活遇到问题，可以获得组织的尽力帮助	1	2	3	4	5
15	上级领导很有水平	1	2	3	4	5
16	为成为工作团队的一员而感到自豪	1	2	3	4	5
17	工作的前景很好	1	2	3	4	5
18	喜欢上级的领导方式	1	2	3	4	5
19	一起工作的同事能力强，素质高	1	2	3	4	5

续表

	题 项	不符合	比较不符合	不确定	比较符合	符合
20	在工作中与同事合作很愉快	1	2	3	4	5
21	工作能够提升能力和素质	1	2	3	4	5
22	如果有不满或者抱怨，很容易反映到有关部门或有关责任人	1	2	3	4	5
23	工作中经常有培训和学习的机会	1	2	3	4	5
24	工作中的培训学习确实提升了能力和素质	1	2	3	4	5
25	工作的总体收入令人满意	1	2	3	4	5
26	提出不满或者抱怨的过程中，不用担心会对自己造成不利影响	1	2	3	4	5
27	工作中合理化建议或想法经常被领导听取或采纳	1	2	3	4	5
28	工作中合理化建议或想法经常被同事听取或采纳	1	2	3	4	5

基本信息

1. 您的性别：

(1) 男　　(2) 女

2. 您的文化程度：

(1) 高中或高中以下　　(2) 专科毕业

(3) 本科毕业　　(4) 研究生毕业及以上

3. 您的年龄段

(1) 90后　　(2) 80后　　(3) 70后

(4) 60后　　(5) 50后

4. 您的岗位类别：

(1) 一线员工　　(2) 技术人员　　(3) 管理人员

5. 您的职务（职称或头衔）级别：

(1) 初级　　(2) 中级　　(3) 高级

6. 您的劳动合同类型为

(1) 没有劳动合同

(2) 三个月以上一年以下的劳动合同

（3）一年以上（含一年）三年以下的劳动合同

（4）三年或三年以上的劳动合同

（5）无固定期限

至此，问卷填写完毕。请您检查一下确认无遗漏项。再次感谢您的支持与配合！

附录 4　高绩效工作系统问卷（人力资源经理问卷）

尊敬的人力资源经理：

您好！感谢您在百忙之中阅读和填写本问卷！

我们是国家社会科学基金重点项目“中国企业劳动关系和谐指数构建与应用研究”（12AJY005）课题组，正在进行企业人力资源管理实践调查。

本问卷匿名填写，调查结果仅用于学术研究，且本问卷只作为所有问卷中的一部分进行整体的统计分析，每份问卷不会单独使用。答案没有对错之分，请您按照实际情况放心填写。

问卷分为两个部分。在基本问题中，根据您对企业管理措施的真实感受，在后面符合程度对应的数字栏中画“√”；在个人信息中，请在符合您情况的答案前打“√”。

	题　项	不符合	比较不符合	不确定	比较符合	符合
1	员工在组织中有清晰的职业发展路径	1	2	3	4	5
2	员工在这个公司工作没有什么发展前途	1	2	3	4	5
3	整体上看，组织为员工提供了全面的培训	1	2	3	4	5
4	组织中上级了解员工在企业中的职业发展期望	1	2	3	4	5
5	员工在晋升中，组织可以有不止一个适合的职位来安排	1	2	3	4	5
6	组织每隔一段时间，就会为员工安排一次培训	1	2	3	4	5
7	组织有正式的培训项目来教授新员工工作中所需要的技能	1	2	3	4	5

续表

	题 项	不符合	比较不符合	不确定	比较符合	符合
8	为了提升员工的晋升能力，组织会为他们提供正式的培训项目	1	2	3	4	5
9	在组织中，业绩通常是用客观的、量化的结果来衡量的	1	2	3	4	5
10	员工的绩效考核以客观的、量化的结果为基础	1	2	3	4	5
11	员工可以向公司提出改进工作方式的合理化建议	1	2	3	4	5
12	经理人员会与员工经常进行坦诚的沟通	1	2	3	4	5
13	在组织中，经理人员在决策过程中经常参考员工的意见	1	2	3	4	5
14	组织对员工的工作职责有清晰的描述	1	2	3	4	5
15	组织中的员工在许多情况下都可以决定自己的工作方式	1	2	3	4	5
16	很多时候，员工也需要负责工作职责之外的事情	1	2	3	4	5
17	员工的岗位职责说明书包括了需要员工承担的所有职责	1	2	3	4	5
18	必要时组织会及时修订员工的岗位职责说明书	1	2	3	4	5
19	只要员工愿意，员工就可以留在组织工作	1	2	3	4	5
20	对于组织来说，解雇员工是件很困难的事	1	2	3	4	5
21	组织能够保证员工工作的稳定性	1	2	3	4	5
22	如果组织遇到经济困难，裁员将是最后一个使用的办法	1	2	3	4	5
23	组织会根据盈利状况为员工分配奖金	1	2	3	4	5

个人信息

1. 您的性别：

（1）男　　（2）女

2. 您的文化程度：

（1）高中或高中以下　　（2）专科毕业

（3）本科毕业　　（4）研究生毕业及以上

3. 您的年龄段：

（1）90后　　（2）80后　　（3）70后

（4）60后　　（5）50后

问卷内容到此结束，请您检查一下确认无遗漏项！

再次感谢您的帮助！恭祝您工作顺利！幸福健康！

附录5　企业相关状况问卷（雇主问卷）

尊敬的女士/先生：

您好！感谢您在百忙之中阅读和填写本问卷！

我们是国家社会科学基金重点项目“中国企业劳动关系和谐指数构建与应用研究”（12AJY005）课题组。我们正在员工工作质量调查，需要了解您所在企业和您的基本信息。

本问卷匿名填写，调查结果仅用于学术研究，且本问卷只作为所有问卷中的一部分，放在所有问卷中进行整体统计分析，每份问卷不会单独使用。答案没有对错之分，请您按照实际情况放心填写。

1. 公司的名称（自愿填写）

2. 公司所在行业：

3. 公司所在省、市（自治区）：

4. 我们公司的资产规模：

5. 我们公司成立的年限：

（1）5年以下　　（2）5~10年　　（3）11~15年

（4）16~20年　　（5）20年以上

6. 我们公司的员工总数为________人，其中高管班子约占________%，中层管理人员约占________%。专业技术人员约占________%，营销人员约占________%，操作工人约占________%。

7. 我们公司的工会建立情况：

（1）有　　　　（2）没有

8. 您的职务：

（1）董事长　　　　（2）总经理　　　　（3）董事会成员

（4）副总或其他高管　　　　（5）中层管理者

9. 您的性别：

（1）男　　　　（2）女

10. 您的年龄段：

（1）80后　　　　（2）70后　　　　（3）60后

（4）50后　　　　（5）40后

11. 您的学历：

（1）本科以下　　　　（2）本科　　　　（3）硕士

（4）博士及以上

问卷内容到此结束，请您检查一下确认无遗漏项！

再次感谢您的支持与协助！祝您工作顺利！